OMAYRA FONT

Autora del éxito de ventas *Mujer, valórate*

Lo que no sanas, se repite.
Afronta tu dolor con fe y claridad.

SANA
Lo que no sanas, se repite. Afronta tu dolor con fe y claridad.

Edición: Henry Tejada Portales

ISBN: 979-8-88769-640-9
eBook ISBN: 979-8-88769-641-6
Impreso en los Estados Unidos de América

Whitaker House
1030 Hunt Valley Circle
New Kensington, PA 15068
www.espanolwh.com

1 2 3 4 5 6 7 8 9 10 11 ш 33 32 31 30 29 28 27 26

DEDICATORIA

Dedicado a ti… mujer que ha sufrido.

A ti, que te tragaste el llanto en el baño para que nadie notara que estabas rota.
A ti, que has sostenido hijos, casas, trabajos y ministerios… mientras te desmoronabas por dentro.
A ti, que callaste tu historia por miedo a que nadie la creyera.
A ti, que sobreviviste a silencios que gritaron más que los golpes.
A ti, que seguiste dando amor cuando ya no te quedaba nada para ti.
A ti, que te preguntaste si alguna vez serías suficiente.
A ti, que has amado, perdido, caído, y aun así te levantaste sin aplausos.
A ti, que creíste que tu valor había caducado con la herida.

Este libro es tuyo.
No porque tenga todas las respuestas,
sino porque nace de la misma tierra donde tú sembraste lágrimas.
Porque fue escrito con la certeza de que tu alma merece más que sobrevivir.
Merece sanar. Merece entender. Merece caminar en libertad.
Y merece escribir un final distinto al que otros intentaron imponerle.

A ti, mujer herida, pero aún de pie:
quiero que sepas que este libro no fue escrito por alguien que te ve desde lejos,
sino por una mujer que ha caminado por los mismos valles...
y que cree, con todo su corazón,
que Dios todavía escribe historias nuevas con vidas rotas.

Este libro lleva tu nombre,
aunque no lo diga en la portada.

ÍNDICE

INTRODUCCIÓN

No estás por comenzar cualquier lectura. Estás por iniciar un proceso. Este libro no fue escrito para entretenerte ni para darte respuestas rápidas. Fue escrito como un espacio sagrado donde puedas encontrarte contigo misma, con tus heridas... y con el Dios que nunca se fue. Aquí no hay fórmulas, pero sí hay dirección. Aquí no prometo alivio inmediato, pero sí una guía real hacia algo más profundo: sanidad que transforma. La que se nota en tu alma, en tus decisiones, en tu forma de amar y liderar. La que no te convierte en una víctima decorada, sino en una mujer formada.

Cada parte de este libro ha sido estructurada con intención: La **Parte I** te confronta con tu historia sin adornos. La **Parte II** te enseña a escuchar lo que tu cuerpo también ha guardado. La **Parte III** expone las raíces del dolor y la necesidad urgente de sanarlas con claridad emocional. En la **Parte IV** te entrego herramientas para renovar tu mente y dejar de repetir patrones desde la herida. Y la **Parte V** te posiciona desde la sanidad, con visión, responsabilidad y una dirección divina para lo que viene.

Este libro no te exige que estés lista, pero sí te invita a ser valiente. A dejar de anestesiar el dolor. A permitir que Dios use lo que viviste para redirigir tu historia. Porque, sí... lo que no sanas, se repite; pero lo que decides sanar, se transforma. Se eleva. Se convierte en autoridad. Este es un libro para mujeres que están cansadas de vivir en modo supervivencia, pero no quieren más atajos ni más frases huecas. Es para ti, si estás lista para dejar que el Espíritu Santo te tome de la mano... y te devuelva a ti misma.

PARTE 1

LO QUE ESCONDES TE CONTROLA

Control no siempre es dominio externo. A veces, lo que más dirige nuestra vida no es lo que vemos, sino lo que negamos. Una emoción no procesada puede decidir con quién te relacionas, qué oportunidades rechazas o qué palabras eliges callar. Esta primera parte del libro desmantela la falsa seguridad de creer que mientras algo esté escondido, está superado. Aquí descubrirás que lo no sanado se convierte en brújula, y que el alma herida no pide permiso para tomar el volante: simplemente lo hace. El resultado es una vida que parece tuya, pero en realidad está diseñada por dolores antiguos que nadie te enseñó a confrontar.

Hay patrones que se repiten, no por maldad ni por falta de fe, sino por programación emocional invisible. Muchas de las decisiones que crees tomar libremente están ancladas a un pasado no reconocido. Tus vínculos, tu forma de reaccionar ante el conflicto, incluso la manera en que te relacionas con Dios, pueden estar marcados por un guion que no escribiste tú, pero que aún repites. En esta parte del camino aprenderás a mirar esas raíces sin miedo: a reconocer que hay heridas que no dolieron con gritos, sino con silencios. Heridas que no recuerdas con claridad, pero que siguen escribiendo tu presente desde las sombras.

Cuando haces espacio para la verdad, el alma empieza a respirar. Aquí vas a recibir el lenguaje para emociones que antes solo sentías como nudos en el pecho. Descubrirás que no todo lo que sientes comenzó contigo, y que incluso lo que no puedes nombrar puede ser sanado si se trae a la luz. Aprenderás que negar el dolor no lo elimina, solo lo convierte en juez silencioso. Y que muchas veces el sabotaje no es falta de voluntad, sino una alarma del alma que aún teme repetir una historia que dolió demasiado. Si te atreves a mirar hacia adentro con compasión, sin juicio, este será el inicio de una transformación que no solo tocará tus memorias, sino que te hará recuperar tu libertad.

1

TU HISTORIA EMOCIONAL COMIENZA ANTES DE QUE PUEDAS RECORDARLA

Mi embrión vieron tus ojos.
—Salmos 139:16

Hay dolores que no tienen nombre. Vacíos que no sabemos explicar. Reacciones que nos sorprenden incluso a nosotras mismas. Un sobresalto ante una voz alzada, una ansiedad silenciosa antes de tomar decisiones, o una tristeza que aparece sin permiso y sin contexto. Nos preguntamos por qué.

Tratamos de encontrar la causa en lo visible, en lo reciente; pero lo que muchas veces olvidamos —porque nunca lo supimos— es que nuestra historia emocional no comienza en el momento que recordamos, sino mucho antes. Muchísimo antes.

Imagina por un momento una casa. Una casa hermosa, con ventanas amplias, una estructura sólida, espacios que tú misma has decorado con esmero y amor; pero cada vez que caminas por uno de los pasillos principales, hay una ligera inclinación en el piso, apenas perceptible, pero incómoda. Y un día, una grieta aparece en la pared. No importa cuánto la repares; vuelve a abrirse. Llamas a expertos, haces ajustes, pintas de nuevo.

Pero el problema persiste. Hasta que un arquitecto decide ir más profundo. Levanta las losas (algunos les llaman baldosas) que revisten el suelo, revisa los cimientos... y descubre que toda la casa fue construida sobre planos defectuosos. Planos que nadie revisó. Planos antiguos, trazados por otras manos, en otro tiempo. Y esa base, aunque invisible, es la que está generando todo el desbalance que hoy vives en tu presente.

NO TODO LO QUE SIENTES EMPEZÓ CONTIGO

Muchas de las emociones que sentimos y que parecen controlar nuestra vida diaria, así como muchos de los conflictos internos que atribuimos a nuestra personalidad o carácter, en realidad tienen un origen mucho más profundo y antiguo. Lo que solemos considerar como "parte de nuestro carácter" o "asuntos de personalidad" no siempre se formó conscientemente, sino que muchas veces son heridas o grietas emocionales que comenzaron a desarrollarse en etapas muy tempranas de nuestra existencia.

Estas marcas emocionales pueden haberse originado incluso antes de que aprendiéramos a hablar, en los primeros años de vida, o, sorprendentemente, desde el vientre materno, antes de nacer.

Esto significa que algunas reacciones, miedos o inseguridades que hoy experimentamos no son simplemente el resultado de decisiones conscientes o experiencias recientes, sino que pueden estar profundamente ligadas a impresiones y vivencias tempranas que quedaron grabadas en nuestro ser antes de que tuviéramos palabras para nombrarlas. En los primeros años de vida, o incluso antes de nacer.

Por eso a veces luchamos con emociones o patrones de conducta que no entendemos del todo, porque su origen está en un pasado tan remoto que escapa a nuestra memoria consciente, pero no a la memoria emocional de nuestro cuerpo y alma.

El propósito de mirar hacia nuestro pasado emocional no es encontrar culpables ni repartir responsabilidades sobre lo que vivimos en etapas tempranas. Tampoco se trata de sentirnos impotentes ante heridas tan antiguas que parecen imposibles de cambiar. Más bien, el objetivo es reconocer con honestidad de dónde vienen ciertas emociones y patrones, entendiendo que, aunque no podamos modificar lo que ocurrió, sí podemos transformar la manera en que nos afecta hoy.

El propósito de mirar hacia nuestro pasado emocional no es encontrar culpables ni repartir responsabilidades sobre lo que vivimos en etapas tempranas.

Este proceso no implica quedarse atascado en la culpa ni resignarse a cargar para siempre con el peso del pasado. Al contrario, se trata de abrir un espacio de compasión y autoconocimiento, donde podamos aceptar nuestras experiencias sin juicio y permitirnos sanar. Lo importante es comprender que el pasado puede haber dejado huellas, pero el presente nos ofrece la oportunidad de trabajar en nuestra sanación y bienestar, sin quedarnos atrapados en la sensación de que nada puede cambiar.

Me conmueve profundamente pensar en cuántas mujeres, adultas, responsables, líderes, esposas, madres, hijas de Dios... se siguen juzgando a sí mismas por emociones que ni siquiera eligieron. Se avergüenzan de sus ansiedades, de su inseguridad, de su necesidad profunda de ser aprobadas o de su reacción exagerada ante un conflicto.

Pero ¿y si todo eso no comenzó con una decisión, sino con una impresión? ¿Y si su alma está simplemente repitiendo lo que aprendió cuando todavía era vulnerable y no tenía defensa?

TU CUERPO GUARDA MEMORIAS

Hay una verdad silenciosa que la ciencia y la Palabra de Dios no contradicen, sino que iluminan desde perspectivas distintas pero complementarias: la vida emocional se empieza a formar mucho antes de que aprendamos a hablar. Desde el útero, nuestro sistema nervioso comienza a registrar experiencias. No como datos racionales, sino como memorias corporales. Las memorias corporales son huellas emocionales que el cuerpo almacena a través de sensaciones físicas, gestos y reacciones, incluso cuando no existen recuerdos conscientes de los hechos.

Son impresiones profundas que permanecen en el sistema nervioso y pueden influir en nuestras emociones y comportamientos, aunque no podamos explicarlas con palabras. La atmósfera emocional de nuestra madre se convierte en el primer lenguaje que nuestro cuerpo aprende, en forma de memorias corporales: si hubo miedo, si hubo rechazo, si hubo amenaza constante, si hubo gritos o tensión, todo eso quedó impreso, no en la memoria lógica, pero sí en la emocional. Y el alma, aun sin palabras, lo recuerda.

La neurociencia revela que mucho antes de que podamos hablar o recordar, nuestro sistema nervioso ya está absorbiendo el mundo que nos rodea. Desde el útero, cada emoción materna —sea calma, miedo, rechazo o ternura— se convierte en un mensaje silencioso que nuestro cuerpo aprende a descifrar. Lo fascinante es que la Biblia, siglos antes de que la ciencia pudiera medir estas huellas, ya afirmaba que somos conocidos y acompañados por Dios desde antes de nacer (Salmos 139:15-16). Este conocimiento divino no es solo un consuelo espiritual, sino una validación de que nuestra historia emocional importa desde el principio.

Reconocer que nuestras heridas pueden tener raíces tan antiguas no nos condena a la impotencia. La integración de estas dos perspectivas, la científica y la espiritual, nos enseña que, aunque no podamos cambiar el origen de nuestras impresiones, sí podemos transformar su impacto en nuestra vida. La restauración profunda es posible cuando permitimos que tanto la verdad de la ciencia como la esperanza de la fe iluminen nuestro camino hacia la sanidad.

Reconocer lo que nos condiciona no significa rendirse ante ello, sino dar el primer paso para liberarnos y construir una vida más plena, tomando responsabilidad por nuestro crecimiento y eligiendo cómo queremos vivir a partir de ahora.

La restauración profunda es posible cuando permitimos que tanto la verdad de la ciencia como la esperanza de la fe iluminen nuestro camino hacia la sanidad.

EL ALMA RECUERDA LO QUE TÚ NO PUEDES EXPLICAR

He acompañado mujeres que lloran por no poder confiar. Otras que huyen del amor porque sienten que no lo merecen. Algunas que se sabotean cada vez que están a punto de lograr algo importante, como si el éxito fuera demasiado peligroso. Y cuando llegamos al fondo, no siempre hay una historia dramática o un trauma evidente.

A veces, simplemente hubo una ausencia.

Un abandono emocional. Un silencio que las marcó más que las palabras. Un plano emocional defectuoso que nadie revisó (como el plano de aquella casa que tenía el suelo desnivelado) pero sobre el cual han construido toda su vida.

Cuando me casé con Otoniel, un día un vecino del apartamento de abajo al nuestro tocó la puerta bien duro. Yo comencé a temblar automáticamente y quedé paralizada. Otoniel se sorprendió, abrió la puerta, atendió al vecino, y luego fue a ver qué me había pasado. Yo soy superextrovertida, no vivo movida por miedos, sino todo lo contrario. En nuestra conversación detenida y llena de compasión por parte de Otoniel, quien inmediatamente pudo identificar que algo no estaba bien, entendimos que el día que se llevaron preso a mi papá la puerta de mi casa había sonado así de fuerte.

Mi mente lo asoció inmediatamente y la memoria de mi cuerpo se activó sin que yo pudiera racionalizarlo de antemano y detenerlo. Mi alma de niña lo había registrado, mi diligencia de adulta me ayudó a identificarlo y sanarlo.

Ahí comienzan muchos elementos de nuestra vida que necesitan sanidad. En mi caso yo tenía una memoria acerca de dónde vino esa reacción. Muchas personas no tienen esa bendición porque las situaciones que le aquejan no están relacionadas a una memoria. Para muchas personas puede ser una impresión prenatal. Y, aunque parezca muy injusto, la realidad es que las impresiones prenatales pueden condicionar el sistema emocional.

Lo que no recuerdas, igual te condiciona. Esa es una de las verdades más difíciles de aceptar, pero también una de las más liberadoras. Porque nos permite dejar de pelearnos con lo que sentimos, y empezar a escuchar lo que nuestra alma está tratando de decirnos desde lo profundo.

DIOS YA ESTABA AHÍ

Aquí es donde la Palabra de Dios se convierte en nuestra brújula y nuestra esperanza. Porque lo que la psicología apenas empieza a explorar, la Biblia ya lo afirmaba desde hace siglos. En el Salmo 139, David escribe una de las verdades más íntimas y revolucionarias de la Escritura: *Mi embrión vieron tus ojos, y en tu libro estaban escritas todas aquellas cosas que fueron luego formadas, sin faltar una de ellas.* Mientras tú no habías nacido, no tenías cuerpo ni conciencia, ya había historia. Dios ya estaba ahí. Ya miraba. Ya registraba. Ya tejía con propósito. Con esta conciencia quiero despertar en ti el asombro de que al mismo tiempo en el que se podía estar forjando una experiencia limitante en ti, Dios estaba ahí contigo en lo más secreto, cuando aún eras solo un susurro en el universo.

¿Te das cuenta? Antes de tener cuerpo, antes de cualquier conciencia, ya Dios ya estaba ahí: mirándote, registrando cada detalle, entrelazando tu existencia. Tu vida no es una suma de azares, tú no eres víctima de circunstancias que estuvieron fuera de tu control, tú eres una obra maestra tejida desde la eternidad. Eso no solo desafía la lógica, sino que sacude el alma y nos invita a vivir con la certeza de que somos infinitamente valiosos y profundamente conocidos por Dios.

Porque si el dolor pudo empezar antes de la memoria, la redención también puede alcanzarnos hasta ese punto. Hay un Dios que no solo te ve hoy, fuerte por fuera pero temblando por dentro. Hay un Dios que te vio cuando ni siquiera sabías que existías. Que conoce el plano sobre el cual fue construido tu sistema emocional. Que estuvo ahí cuando tu alma fue herida en el vientre. Que conoce cada impresión temprana, cada silencio marcado, cada susto que nadie supo consolar.

Y ese mismo Dios tiene el poder de entrar a los cimientos. De levantar cada loza emocional y restaurar la base, no con perfección humana, sino con propósito eterno. No necesitas recordar para ser sanada. Solo necesitas permitirle al Espíritu que te revele lo que tu alma aún guarda en lo profundo.

El alma no necesita que expliques o que entiendas todo. Necesita que tú lo valides de la manera correcta diciéndote a ti misma: "No estás loca. No estás rota. Solo estás herida... desde antes".

Hay un Dios que te vio cuando ni siquiera sabías que existías. Que conoce el plano sobre el cual fue construido tu sistema emocional.

Porque cuando entendemos esto, dejamos de castigarnos por nuestras emociones, y empezamos a preguntar con humildad: ¿qué parte de mí está pidiendo sanidad?

Muchas veces, las inseguridades, miedos o reacciones que no logramos explicar tienen su raíz en ese tiempo donde solo sentíamos, sin poder entender ni expresar. Reconocer su existencia y realidad nos permite mirar con compasión esos lugares internos que aún necesitan sanidad, y nos ayuda a comprender que no somos débiles ni estamos defectuosas por sentir lo que sentimos. Es el primer paso para dejar de juzgarnos y abrirnos a la posibilidad de una restauración que alcanza hasta lo más profundo y antiguo de nuestro ser.

Estos eventos llamados *trauma preverbal,* es decir, esas heridas emocionales profundas que ocurren antes de que una persona desarrolle la capacidad de hablar o de formar recuerdos conscientes, no son solo una categoría clínica sino una realidad espiritual. Esos eventos son eco de heridas que no se pueden expresar en palabras, pero sí tienen consecuencias. Esos eventos son la raíz de muchas decisiones impulsivas, de muchos temores silenciosos, de muchas inseguridades que parecen sin causa. Y aunque se tratan de heridas que ocurrieron antes de que tuviéramos palabras, aún resuenan en nuestras emociones, decisiones y relaciones.

DONDE NADIE LLEGÓ, DIOS LLEGA

Y es aquí donde Dios quiere comenzar. En lo que nadie vio. En lo que no sabes explicar. En esa parte de ti que todavía se siente vulnerable, sola, confundida, aunque por fuera luzcas resuelta. Jesús dijo en Lucas 4:18: *El Espíritu del Señor está sobre mí, [...] me ha enviado a sanar a los quebrantados de corazón.* No dijo a los conscientes. Dijo a los quebrantados. Y no importa cuán temprano haya ocurrido esa ruptura, su sanidad alcanza hasta el embrión.

Este capítulo no pretende explicarlo todo. Pretende abrir una puerta. La puerta al reconocimiento sin culpa. A la conciencia sin juicio. A mirar tu historia con compasión, sabiendo que no se trata solo de lo que viviste, sino también de lo que absorbiste. De lo que tu alma interpretó como amenaza. De los planos invisibles sobre los cuales se construyó tu estructura emocional.

Y si esos planos fueron defectuosos, hoy puedes empezar un proceso con Aquel que conoce el diseño original. No para demolerte. No para avergonzarte. Sino para restaurar. Para redefinir el inicio. Para que no sigas repitiendo lo que no entiendes, ni cargando lo que no te corresponde.

Porque hay otra verdad, más fuerte que la herida más temprana: "Mi embrión vieron tus ojos". Dios ya estaba ahí. No eras invisible. No eras una casualidad. No eras solo el resultado de una atmósfera emocional. Eras vista. Eras tejida con intención. Eras conocida antes de ser entendida por nadie más.

Y si fuiste conocida en lo profundo, también puedes ser sanada en lo profundo.

2

LO QUE NIEGAS, TE DOMINA

El que encubre sus pecados no prosperará; mas el que los confiesa y se aparta alcanzará misericordia.
—Proverbios 28:13

Cuando alguien llega a tu casa, cierras apresurada la puerta de ese cuarto desordenado. No lo limpias, solo lo ocultas. Mientras los demás recorren tu hogar, finges que ese rincón no existe. Pero tú sabes que está ahí, intacto en su caos. Sabes que no ha desaparecido. Y aunque nadie lo vea, el desorden permanece, silencioso, en la penumbra.

De la misma forma, hay partes de tu alma que aprendiste a no tocar. No porque hayan dejado de doler, sino porque sentiste que no tenías permiso para sentirlas. Desde muy joven, quizás sin darte cuenta, comenzaste a esconder emociones que no sabías cómo manejar. Culpas que no podías explicar. Llantos que te incomodaban. Preguntas que nadie supo contestar.

Hay mujeres que han construido una vida entera sobre la negación. Son las que siempre tienen una sonrisa lista, las que resuelven los problemas de todos, las que nunca se permiten un momento de debilidad. Pero por dentro, la herida sigue abierta. A veces, el cuerpo habla: insomnio, dolores inexplicables, estreñimiento crónico, enfermedades recurrentes. Otras veces, es el corazón el que grita: relaciones que fracasan, miedo al abandono, dificultad para confiar, incapacidad para disfrutar la vida. El dolor negado no desaparece; simplemente busca otra forma de manifestarse.

¿CÓMO SE VE REALMENTE LA NEGACIÓN EN LA VIDA COTIDIANA?

La negación puede tomar muchas formas. Puede ser el perfeccionismo que te exige ser impecable en todo, como si el error fuera una amenaza intolerable. Puede ser la autosuficiencia que te convence de que no necesitas a nadie, porque pedir ayuda es admitir debilidad. Puede ser la hiperactividad que llena cada minuto de tu día para no dejar espacio al silencio, porque en el silencio la herida se hace presente. Puede ser la espiritualización que te lleva a esconder el dolor bajo frases piadosas como "Dios tiene un propósito para todo lo que sucede", "todo obra para bien para los que aman a Dios", "Dios nunca te da una carga mayor de la que puedes soportar", sin permitirte sentir ni procesar lo que realmente pasa en tu interior.

Hay quienes han aprendido a negar el dolor porque así les enseñaron. "No llores", "no hagas escándalo", "no muestres tus emociones", "no hables de lo que pasó". La cultura, la familia, incluso la iglesia, a veces han reforzado la idea de que la vulnerabilidad es peligrosa, que la debilidad es vergonzosa, que el pasado debe quedar enterrado. Enterrar el pasado no lo cambia y tampoco borra el dolor que te causa. Por eso, un día lo negado se convierte en una fuerza que domina, que dirige, que sabotea.

Hay silencios que pesan más que mil palabras. Hay heridas que aunque las ignores, siguen latiendo bajo la superficie de tu vida y marcan el ritmo de tus pensamientos, tus relaciones, tus sueños y tus miedos. Desde pequeñas aprendemos a esconder lo que duele, a disimular la tristeza, a callar el enojo, a fingir que el miedo no existe. Nos convertimos en expertas en sobrevivir, en funcionar, en aparentar fortaleza. Pero ocultar el dolor no es lo mismo que superarlo.

Cuando decides negar lo que sientes o lo que has vivido, esa negación no desaparece por sí sola. Al contrario, se convierte en algo que siempre está presente, aunque no lo veas de manera consciente. Es como un ruido de fondo que permanece todo el tiempo, afectando tu manera de pensar, de sentir y de actuar. Puede que no hables de lo que te duele o que prefieras ignorarlo, pero esa realidad sigue influyendo en tu vida de muchas formas.

¿CÓMO SABER SI LO QUE VIVES HOY ES UN ECO DE ALGO QUE NO SANASTE?

La negación funciona como una barrera invisible. No permite que enfrentes lo que realmente sucede en tu interior. Por eso, aunque trates de seguir adelante y aparentes que todo está bien, hay partes de ti que siguen ancladas en ese dolor no resuelto. Esa negación puede manifestarse en tus relaciones, en tus reacciones emocionales, en tus decisiones diarias e incluso en tu salud física. A veces ni siquiera te das cuenta de que está ahí, pero te condiciona y limita tu capacidad de vivir plenamente.

En otras palabras, negar lo que te duele no hace que desaparezca; lo convierte en una corriente subterránea que erosiona desde adentro. Por eso es tan importante reconocer lo que realmente sientes y lo que has vivido, aunque sea incómodo o difícil. Solo así puedes empezar a sanar y a recuperar el control sobre tu vida, en vez de dejar que esos asuntos no resueltos sigan influyendo en ti sin que te des cuenta.

A veces la negación se disfraza de fe. Nos decimos que "todo está bien", que "Dios tiene el control", que "no hay por qué llorar", como si la espiritualidad fuera incompatible con la vulnerabilidad. Pero el silencio impuesto no es sanidad, y la fe no es anestesia. Jesús nunca ocultó su dolor ni su angustia. Jesús lloró (Juan 11:35), se entristeció profundamente (Mateo 26:38), experimentó soledad (Mateo 26:38) y expresó su temor ante el Padre (Mateo 26:39). La Biblia no esconde el sufrimiento de sus protagonistas: David clamó desde la desesperación (Salmos 142:1-2; 40:1-2), Job rasgó sus vestiduras en medio de la pérdida (Job 1:20-21), y Pablo confesó su debilidad (2 Corintios 12:9-10). La Escritura legitima el dolor y nos invita a llevarlo a la luz de la verdad.

Negar lo que te duele no hace que desaparezca; lo convierte en una corriente subterránea que erosiona desde adentro.

Como pastora, una de las cosas que más difícil se me hace explicar a las personas que atiendo es precisamente esto: cerrar los ojos ante la tormenta no la detiene. El viento igual sopla, la casa igual tiembla. Lo que no se reconoce, se repite. Lo que no se nombra, igual permanece en nuestro ser. Lo que no se sana, se filtra, a veces en formas que no imaginamos. La ansiedad que no entiendes, la tristeza que no puedes explicar, la irritabilidad que te sorprende, la fatiga que no se va: todo eso puede ser el lenguaje de lo que has preferido ignorar, ocultar y esconder.

Hay quienes aprendieron a sobrevivir minimizando lo que vivieron. "No fue para tanto", "hay gente que ha sufrido más", "ya pasó, no tiene sentido hablar de eso". Pero el alma no olvida. El alma guarda, y lo que guarda sin procesar se convierte en un peso invisible que condiciona la forma en que ves la vida y te relacionas con los demás. La negación no es un acto de maldad, sino una estrategia de protección. Cuando no supiste cómo enfrentar el dolor, tu mente y tu corazón buscaron refugio en el silencio, en la distracción, en la actividad constante. Pero lo que en un momento fue útil para sobrevivir, con el tiempo se transforma en una prisión.

Negar el dolor es vivir a medias. Es como caminar con una herida abierta fingiendo que no sangras. Es sonreír cuando por dentro te quiebras. Es dar consejos que tú misma no puedes aplicar. Es ayudar a todos menos a ti. Es orar por milagros para otros, mientras te resignas a no esperar nada para ti. Es construir una vida sobre cimientos frágiles, esperando que nadie note las grietas.

En medio de todos mis problemas y mis bajas, hubo momentos en los que me convertí en experta en aparentar que todo estaba bien. Recuerdo esforzarme por ser la persona fuerte, la que siempre tenía una palabra de ánimo para los demás, la que sostenía a otros mientras por dentro sentía que me desmoronaba. Me acostumbré a dar consejos que yo misma no era capaz de aplicar, a servir y cuidar a todos menos a mí, a pedir con fe por los milagros de otros mientras me resignaba a no esperar nada para mi propia vida. Aprendí a sonreír en público, a mantenerme ocupada, a evitar cualquier silencio que pudiera confrontarme con lo que realmente sentía. Y aunque nadie lo notaba, vivía con la constante sensación de estar construyendo sobre cimientos frágiles, temiendo que cualquier día alguien descubriera las grietas que yo tanto me empeñaba en ocultar.

¿QUÉ PASA CUANDO DECIDES DEJAR DE HUIR Y LO RECONOCES ANTE DIOS?

Fue en ese lugar de agotamiento y soledad interior donde entendí que la Palabra de Dios no nos llama a negar el dolor, sino a traerlo a la luz. Cuando Proverbios 28:13 nos dice: *El que encubre sus pecados no prosperará, mas el que los confiesa y se aparta alcanzará misericordia,* no es solo hablar de pecados morales; es reconocer las heridas, los miedos, las pérdidas, las vergüenzas. En momentos de mucho dolor y frustración abrí mi corazón y compartí todo lo que sentía y ocultaba. Es decir: "Esto me pasó. Esto me dolió. Esto me marcó". Aprendí a dejar de justificar, de minimizar, de esconder. Aprendí a permitir que la verdad haga su obra, porque solo la verdad puede liberar.

La confesión es un acto de valentía. Es mirar de frente lo que has preferido ignorar. Es sentarte contigo misma y con Dios, sin máscaras ni excusas, y permitirte sentir. Es llorar lo que nunca lloraste, nombrar lo que nunca dijiste, aceptar lo que no pudiste cambiar. Es dejar de pelear contra tu propia historia y empezar a abrazarla con compasión.

Es atreverte a decir: "Sí, fui abusada"; "sí, me traicionaron"; "sí, me agredieron y lo escondí"; "sí, fui tocada cuando era niña y nadie me protegió"; "sí, viví violencia en casa"; "sí, me callé cuando me debí defender"; "sí, entregué mi cuerpo buscando amor"; "sí, me avergüenzo de lo que callé por años". Es nombrar lo innombrable, no para revivir el dolor sino para desactivar la mentira que se instaló y que está definiendo tu valor. Pero no debe ser así. Eso no lo define. Eso que viviste no tiene la última palabra sobre ti.

No es necesario que comprendas cada detalle de tu pasado para dar el primer paso hacia la sanidad. Tampoco tienes que revivir cada recuerdo doloroso ni desentrañar todas las heridas. Lo que sí es indispensable es que dejes de huir de ti misma, que pares de esconder lo que sientes y que te permitas ser auténtica con tus emociones. Aunque al principio duela, es necesario abrir ese espacio para sentir. Porque el dolor que decides enfrentar se convierte en un camino de transformación, mientras que el dolor que eliges negar se instala y se perpetúa en tu vida.

La misericordia de Dios no es para las mujeres perfectas sino para las mujeres sinceras. No hay condenación para quien se acerca con un corazón honesto. No hay juicio para quien reconoce su necesidad. La sanidad no siempre es inmediata, ni espectacular, ni pública. A veces es un proceso lento, íntimo, que ocurre en lo profundo del alma. Pero cada paso hacia la verdad es un paso hacia la libertad.

Muchas mujeres han pasado años de su vida evitando mirar de frente lo que realmente les sucedió. Han perfeccionado el arte de seguir adelante, de cumplir con sus responsabilidades, de ser eficientes y productivas, de responder a las expectativas de los demás. Desde fuera, parecen fuertes y autosuficientes; cumplen con todo lo que se espera de ellas. Sin embargo, por dentro, sienten una especie de vacío, una sensación persistente de que algo esencial les falta o que hay una pieza que no termina de encajar en su interior.

Esa tristeza que no pueden explicar, esa soledad que permanece aunque estén rodeadas de gente, es el eco de lo que no se ha reconocido ni sanado.

El dolor que decides enfrentar se convierte en un camino de transformación, mientras que el dolor que eliges negar se instala y se perpetúa en tu vida.

Con el tiempo, muchas mujeres se resignan a convivir con el dolor. Surgen pensamientos como: "Así soy", "no se puede cambiar el pasado", "hay que seguir". Estas frases parecen madurez, pero en realidad apagan la esperanza. La resignación no es aceptación ni paz: es conformarse en silencio, renunciar a la posibilidad de restauración. Pero la verdadera paz no llega por acostumbrarse al sufrimiento, sino por enfrentarlo con la esperanza de que Dios puede redimirlo. Sanar no es negar lo vivido, es mirar de frente lo que duele y decidir que no será lo que defina tu historia.

Quiero aclarar que no estoy haciendo una invitación a compartir cada detalle de tu historia con los demás, ni hacer público tu proceso de sanidad. La invitación no es a exponer tu vida ni a sentirte obligada a contarle todo a todo el mundo. Lo esencial es que seas honesta contigo misma y con Dios, que dejes de esconder lo que te duele y te permitas reconocerlo en lo íntimo de tu corazón. Y si hay alguien con quien puedes y quieres compartirlo, hazlo. Pero esa es tu decisión, no una obligación ni una expectativa impuesta por otros.

La sanidad profunda comienza en ese espacio de sinceridad interior, donde te permites ver y nombrar lo que llevas dentro, sin presiones externas ni miedo al juicio. Solo tú puedes decidir a quién abres tu corazón y cuándo hacerlo. Lo importante es que no te niegues a ti misma la oportunidad de ser auténtica y de permitir que Dios trabaje en esas áreas que has guardado en silencio. La libertad no depende de lo que compartas con los demás, sino de la verdad que te atreves a reconocer y entregar delante de Dios.

Lo que decides ignorar o negar puede terminar tomando el control de tu vida, aunque no lo percibas de inmediato. En cambio, cuando te atreves a mirar de frente aquello que te duele y lo reconoces sinceramente delante de Dios, le das la oportunidad de transformarlo y redimirlo. No existe herida tan profunda que la gracia de Dios no pueda alcanzar, ni oscuridad tan densa que su luz no pueda iluminar y disipar.

La verdadera sanidad comienza, precisamente, en ese acto valiente de mirar lo que has preferido negar. Es cuando dejas de justificar, o culpar, a quienes te hirieron, dejas de minimizar lo que viviste y dejas de esconderte detrás de la actividad o la espiritualidad. Sanar es un proceso que exige coraje, pero también mucha gracia. No se trata de quedarte atrapada en el pasado ni de revolcarte en el dolor, sino de permitir que Dios, en su amor, redima tu historia y te muestre que siempre hay esperanza de restauración.

LA VERDAD LIBERA, LA NEGACIÓN TE DETIENE

La fe no es negar la realidad, sino enfrentarla con esperanza. No es repetir frases positivas para anestesiar el dolor, sino confiar en que Dios puede sacar vida de la herida. La fe verdadera no teme a la verdad, porque sabe que la verdad es el camino a la libertad.

Jesús dijo: *Conoceréis la verdad, y la verdad os hará libres*. No dijo: "Conoceréis la negación, y la negación os hará fuertes". La fortaleza genuina nace de la verdad, no de la evasión.

Tal vez al comenzar este capítulo te sentiste identificada con esa escena cotidiana: alguien llega a tu casa y, con prisa, cierras la puerta de un cuarto desordenado para que nadie lo vea. No lo limpias. Solo lo ocultas. Y mientras todo aparenta orden por fuera, tú sabes que hay un rincón que no quieres mostrar.

Ese cuarto físico es la metáfora de algo mucho más profundo: el cuarto interno donde guardas emociones no procesadas, dolores que no te atreves a nombrar, memorias que preferiste enterrar para poder seguir adelante. Durante años lo cerraste para sobrevivir. Y funcionó. Pero Dios no quiere que solo sobrevivas. Quiere que vivas libre. Y para eso, necesitas abrir esa puerta.

No tienes que ordenar primero. No tienes que limpiar para recibirlo. Solo tienes que abrir. Porque cuando entra Su luz, ese cuarto ya no será símbolo de vergüenza, sino de redención. No será un espacio oculto, sino un altar íntimo donde la gracia se encuentra contigo.

Lo que ocultabas por miedo puede convertirse en el lugar donde Dios te libera con verdad. Ese cuarto ya no será tu prisión; será tu punto de partida.

Hay momentos en que abrir la puerta del dolor parece imposible. El miedo a desmoronarte, a no poder con lo que encuentres, a quedarte sola en el proceso. Pero no estás sola. Dios no se escandaliza de tu dolor. No se aleja de tu herida. No te rechaza por tu debilidad. Al contrario, se acerca. Te sostiene. Se hace presente. La sanidad no es un logro que alcanzas, sino un regalo que recibes cuando te permites ser vista y amada en tu vulnerabilidad.

Quizás has vivido mucho tiempo pensando que ser fuerte es no sentir, que ser madura es no llorar, que ser espiritual es no dudar. Pero la verdadera fortaleza es la que se atreve a ser vulnerable. La verdadera madurez es la que reconoce su necesidad. La verdadera espiritualidad es la que se presenta ante Dios tal como es, sin pretensiones ni disfraces.

No estás sola. Dios no se escandaliza de tu dolor. No se aleja de tu herida. No te rechaza por tu debilidad. Al contrario, se acerca. Te sostiene.

La Escritura enseña que la misericordia y la gracia de Dios se encuentran cuando hay verdad, humildad y sinceridad, no cuando se pretende perfección. La gracia se manifiesta cuando te atreves a vivir en la verdad, pues "la gracia y la verdad vinieron por medio de Jesucristo" (Juan 1:17). Y el amor de Dios no exige perfección, solo sinceridad de corazón: *El Señor está cerca de los quebrantados de corazón, y salva a los de espíritu abatido* (Salmos 34:18, NVI); *Al corazón contrito y humillado no despreciarás tú, oh Dios* (Salmos 51:17).

Hoy es un buen día para dejar de huir. Para dejar de esconderte detrás de la actividad, la autosuficiencia, la espiritualidad superficial. Para dejar de negar lo que duele, y empezar a permitir que Dios lo sane. No tienes que hacerlo sola. No necesitas tener todas las respuestas. Solo necesitas dar el primer paso: abrir la puerta de tu corazón y dejar que la luz entre.

Atrévete a mirar de frente lo que has evitado, aunque te incomode o te asuste. No debes tener todas las respuestas ni sentirte fuerte; basta con ser honesta contigo misma y con Dios. La verdadera libertad no nace de negar lo que duele, sino de abrirte a la verdad y dejar que la gracia de Dios transforme lo que parecía imposible de sanar. No eres definida por tus heridas, sino por la esperanza de que todo lo que reconoces y entregas puede ser redimido. Da el paso: lo que hoy enfrentas con sinceridad puede convertirse mañana en el testimonio vivo de la restauración de Dios.

3

HERIDAS QUE SABOTEAN TU PRESENTE SIN PEDIR PERMISO

Y curan la herida de mi pueblo con liviandad, diciendo:
Paz, paz; y no hay paz.
—Jeremías 6:14

Hay algo profundamente desconcertante en sentir que estás haciendo todo bien y aun así todo se desmorona. Como si cada paso que das hacia la estabilidad provocara una reacción contraria desde lo invisible. Te preparas, oras, decides confiar, vuelves a intentar... pero algo te sabotea. Algo que no puedes explicar, pero que es tan real como la frustración que sientes.

Sabes que tienes potencial, pero no logras sostenerlo. Sabes que mereces una relación sana, pero repites vínculos que te dañan.

Sabes que Dios tiene planes contigo, pero sigues atrapada en hábitos que no te dejan avanzar. Y lo peor: no sabes por qué.

Ya perdí la cuenta de la cantidad de mujeres que he escuchado decirme "no sé por qué." Y ahí está el gran conflicto: no tienes claridad, pero sí carga. No sabes qué lo causa, pero sí lo sufres. Hay algo dentro de ti que interrumpe lo que estás construyendo, pero no puedes nombrarlo todavía. Solo sientes que hay un patrón, un ciclo, un límite interno que aparece justo cuando estás por avanzar. Y en esa falta de respuestas nace la frustración más profunda: "¿Será que hay algo roto en mí que no sé cómo arreglar?".

¿QUÉ ES EL SABOTAJE EMOCIONAL?

Así funciona el sabotaje emocional. Es esa fuerza interna, silenciosa y persistente, que interrumpe tu crecimiento justo cuando estás por florecer. No viene de enemigos externos. No depende del entorno. No es producto de mala suerte. Es el eco de heridas no sanadas que siguen dictando tu presente, aunque hayan nacido en un pasado que ya quisiste dejar atrás.

Es como si llevaras una ancla atada al tobillo. Caminas, sí, pero cada paso te exige un esfuerzo invisible que nadie ve. Avanzas, pero siempre con el peso de algo que no sabes nombrar. Y cuando parece que estás por llegar a un nuevo lugar (una relación sana, una oportunidad de crecimiento, una etapa de estabilidad), esa ancla se tensa y te jala de vuelta. No importa cuánto ores, cuánto planees o cuánta fe declares, sientes que algo desde dentro te sabotea. Y lo más desconcertante es que no sabes de dónde viene. Solo sabes que no es externo. Que está dentro. Que eres tú, en guerra contigo misma.

Muchas mujeres viven así. En una contradicción constante entre lo que anhelan y lo que inconscientemente temen. Sueñan con amor, pero les aterra la cercanía, el compromiso o darle una oportunidad a alguien. Quieren avanzar, pero temen al éxito y al esfuerzo que requiere ese próximo paso profesional. Anhelan paz, pero su alma está acostumbrada al conflicto y viven discutiendo, ofendidas y peleando por todo y con todos. Y esa contradicción no viene de falta de fe ni de debilidad espiritual. Viene de heridas profundas que siguen vivas porque nunca fueron vistas con verdad.

El profeta Jeremías lo dijo con una claridad que aún nos confronta hoy: "Sanaron la herida de mi pueblo con liviandad, diciendo: Paz, paz; y no hay paz". Esa es la negación religiosa. El optimismo vacío. El esfuerzo por funcionar sin haber sanado. Lo que yo le llamo, las frasecitas trilladas de las que trato de alejarme en todos mis libros y en cada episodio de "Mujer, pódcast". Decir que todo está bien, cuando por dentro hay guerra. Y esa guerra se manifiesta no solo en dolor, sino en sabotaje. Eso es sabotaje emocional: el alma interrumpiendo el presente para protegerse de un pasado que aún cree que puede repetirse.

PATRONES INCONSCIENTES

Hay heridas que no se conforman con doler: se vuelven guías invisibles. Forman pensamientos automáticos e influyen en tus decisiones. Te llevan, sin que te des cuenta, a construir una vida coherente con el dolor que viviste y no con el destino que Dios soñó para ti.

Por eso una mujer que fue rechazada en la infancia tiende a buscar una y otra vez personas que la rechacen. No porque quiera sufrir, sino porque su alma interpreta el rechazo como familiar. Y lo familiar, aunque duela, se vuelve más tolerable que lo desconocido. Otras mujeres, marcadas por abandono emocional, pueden sabotear cualquier relación estable porque su sistema emocional no sabe cómo habitar en paz. La estabilidad les genera ansiedad. El amor consistente las pone en alerta. Y así, sin saberlo, alejan exactamente lo que más desean.

Hay heridas que no se conforman con doler: se vuelven guías invisibles. Forman pensamientos automáticos e influyen en tus decisiones.

No estás atrapada por lo que vives hoy, sino por lo que aún no nombraste de ayer. Y no basta con tener buena voluntad. No basta con declarar versículos bíblicos o asistir a la iglesia. Porque muchas veces esa herida está en el inconsciente. Actúa por debajo de tu intención. Atraviesa tus filtros lógicos. Y aunque tú creas que estás tomando decisiones nuevas, en realidad estás obedeciendo patrones antiguos.

A veces, lo que repetimos no es solo lo que vivimos personalmente, sino lo que observamos desde pequeñas. Existen patrones emocionales y relacionales que se transmiten de generación en generación, no como una maldición inevitable, sino como modelos aprendidos que, si no se confrontan, se perpetúan. La Biblia menciona cómo ciertas iniquidades pueden afectar a generaciones, no para condenarnos, sino para mostrarnos el poder de nuestras decisiones y el alcance del ejemplo familiar.

Para quienes estamos en Cristo, no hay cadenas inevitables: hay ciclos que podemos interrumpir con verdad, con guía y con intención. Madres que nunca supieron recibir afecto pueden criar hijas con miedo a la vulnerabilidad. Padres emocionalmente ausentes pueden dejar una huella que distorsione cómo sus hijas se relacionan con Dios o con los hombres. Y sin darnos cuenta, muchas veces vivimos dentro de esos patrones heredados, hasta que alguien se detiene, los mira, y dice con autoridad espiritual: "Hasta aquí".

LO QUE NO SE INTERRUMPE CON CONCIENCIA, SE PERPETÚA CON INCONSCIENCIA

Dios te llama a ser el punto de inflexión en tu historia. A no repetir por costumbre lo que te dolió por herencia. A no seguir obedeciendo guiones que no escribiste tú, sino que absorbiste sin darte cuenta. A discernir que muchas de las decisiones que tomas hoy no son elecciones libres, sino respuestas condicionadas por heridas viejas. Él te llama a recuperar la autoridad espiritual sobre tu vida emocional. Porque cuando no eliges conscientemente, repites inconscientemente. Y el cielo no te diseñó para repetir patrones, sino para escribir una historia nueva, llena de redención. No cedas tu destino a las manos de una herida vieja. No dejes que tu identidad la siga definiendo algo que te pasó hace años. Porque no es el presente lo que te estanca, es el pasado sin resolver.

Hay ciclos que se repiten sin pedir permiso. Y no se presentan con etiquetas claras, sino con reacciones cotidianas que parecen pequeñas, pero revelan lo profundo: te ofendes fácilmente y luego te sientes culpable. Desconfías sin razón, pero te convences de que es instinto. Te saboteas cuando estás por alcanzar algo importante, y después lo justificas diciendo que era lo mejor. A veces incluso usas frases que suenan lógicas, pero en realidad son cadenas disfrazadas de verdad: "Así soy yo"; "siempre ha sido así en mi familia"; "es que me cuesta confiar". Pero esas frases, lejos de liberarte, te encadenan, porque aunque se disfrazan de "verdad", en realidad son mentiras. Te programan para repetir el dolor. Te atan al pasado con palabras que aceptaste como identidad, cuando solo eran síntomas de una herida que aún no ha sido confrontada.

Cuando no eliges conscientemente, repites inconscientemente.

La buena noticia es que el ciclo puede ser interrumpido. No estás condenada a repetir. No estás atada a la historia emocional que heredaste. Pero no romperás ese ciclo solo con fuerza de voluntad. Ni con frases bonitas. Lo romperás desde un lugar más profundo: desde la verdad. Desde la luz. Desde la presencia de un Dios que no solo te salva del pecado, sino que te revela lo que tu alma aún no ha podido ver. Porque Él no solo quiere que llegues al cielo. Quiere que vivas libre aquí. En tu mente, en tu historia, en tus decisiones. Quiere liberarte desde adentro. Y para eso, Él ilumina, confronta y sana, sin condenarte, pero sin dejarte igual.

CÓMO INTERRUMPIR EL CICLO

Para que el ciclo se rompa, necesitas hacer tres cosas: nombrar la herida, desactivar la mentira que dejó en ti, y reemplazarla por verdad.

Nombrar la herida es mirar atrás con compasión, no con juicio. Es atreverte a decir: "Esto me dolió. Esto me marcó. Esto no estuvo bien". No es para quedarte atrapada en el pasado ni para buscar culpables, sino para desactivar el poder que esa experiencia aún tiene sobre ti. Porque lo que no se nombra, se queda actuando en silencio. Y lo que se normaliza sin cuestionar, se repite sin querer. Nombrar no es debilidad, es autoridad espiritual. Es decir: "Ya no me escondo de lo que viví. Ya no lo minimizo, y tampoco lo hago más grande que mi Dios. Ya no lo edito para que suene menos doloroso". Nombrar es reconocer que tu historia necesita ser vista para poder ser sanada. Y solo cuando le pones nombre a la herida, puedes empezar a soltar la carga emocional que viene con ella.

No es lo mismo decir "mi niñez fue complicada" que admitir: "Mi papá me gritaba borracho todas las noches y crecí pensando que el amor siempre duele". No es lo mismo decir: "He tenido relaciones difíciles", que confesar: "Estuve con alguien que me manipulaba emocionalmente, me controlaba y me hizo creer que sin él yo no valía nada". No es lo mismo decir: "Pasé por momentos duros", que reconocer: "Fui molestada o abusada sexualmente por alguien cercano, y me enseñaron a callarlo para no causar problemas". Cuando nombras, desactivas el silencio. Y *cuando desactivas el silencio, el ciclo se rompe.*

Desactivar la mentira es identificar el mensaje oculto que esa herida dejó grabado en tu alma. Y cuando digo mensaje oculto, me refiero a la interpretación inconsciente que hiciste del dolor. Porque cada experiencia que te marcó no solo te dejó un recuerdo, también sembró una idea sobre ti, sobre los demás o sobre Dios. No fue lo que viviste lo que más te hirió, sino lo que empezaste a creer a raíz de eso. El abuso sembró la idea de que tu cuerpo no tiene valor. El abandono sembró la idea de que nadie se queda. La traición sembró la idea de que confiar es peligroso. Y como esas creencias no se dijeron en voz alta, quedaron actuando en silencio, pero con poder. Eso es lo que llamo el mensaje oculto: la conclusión interna que permanece mucho después de que la escena terminó.

Y esa interpretación, muchas veces es más tóxica que el hecho en sí. Porque si no la confrontas, se convierte en la base desde la cual construyes tu vida. Tal vez aprendiste que no eres suficiente, porque alguien te comparó toda tu infancia. Tal vez creíste que debías complacer para ser amada, porque cuando decías que no, alguien te retiraba el cariño. Tal vez te convenciste de que mostrar debilidad es peligroso, porque cada vez que fuiste honesta, fuiste herida. Esa mentira, aunque nunca fue verbalizada, gobierna. Te hace construir relaciones con miedo, decisiones con inseguridad, espiritualidad con culpa. Te relacionas con Dios no como hija amada, sino como alguien que necesita ganarse Su aprobación. Y ahí es donde la herida deja de ser un recuerdo, y se convierte en un sistema de pensamiento que define tu identidad. Pero cuando puedes identificar esa mentira con claridad, entonces puedes empezar a romper su poder. Lo que fue instalado por el dolor, puede ser desmontado por la verdad.

Cuando puedes identificar esa mentira con claridad, entonces puedes empezar a romper su poder.

Reemplazar por verdad es mucho más que pensar positivo. Es permitir que la Palabra de Dios reeduque tu alma desde la raíz. Que su amor perfecto eche fuera el temor que te acostumbraste a tolerar. Que su presencia constante desactive esa necesidad de controlarlo todo, porque ahora sabes que no estás sola. Que su aprobación eterna te libere de la adicción a los aplausos, los *likes*, las expectativas humanas. Reemplazar por verdad es permitir que cada área herida de tu mente sea transformada por lo que Dios dice de ti: que eres AMADA (Jeremías 31:3: *Con amor eterno te he amado; por tanto, te prolongué mi misericordia*), COMPLETA (Colosenses 2:10: *Y vosotros estáis completos en él, que es la cabeza de todo principado y potestad*), SEGURA (Salmos 91:1: *El que habita al abrigo del Altísimo morará bajo la sombra del Omnipotente*), ESCOGIDA (1 Pedro 2:9: *Mas vosotros sois linaje escogido, real sacerdocio, nación santa, pueblo adquirido por Dios*), PERDONADA (Efesios 1:7: *En quien tenemos redención por su sangre, el perdón de pecados según las riquezas de su gracia*) y VALIOSA (Isaías 43:4: *Porque a mis ojos fuiste de gran estima, fuiste honorable, y yo te amé*).

Aunque no lo sientas aún, comienza a internalizar que eres *amada, completa, segura, escogida, perdonada y valiosa*. Aunque no puedas ver cómo tu historia lo respalde todavía, sigue siendo la verdad absoluta sobre la cual debes vivir. Porque la verdad de Dios no depende de tu experiencia, sino de Su carácter. Reemplazar es crear una nueva ruta interna, no la del trauma, sino la del testimonio. No la del rechazo, sino la de la redención. Y sí, puede tomar tiempo. Pero cada vez que eliges Su verdad por encima de tu herida, estás sanando. Estás rompiendo. Estás caminando libre.

Interrumpir el ciclo no es un evento y tampoco sucede como por arte de magia. Es un proceso. Un camino donde cada paso es un acto de valentía. Donde cada nueva reacción es un milagro. Donde cada vez que eliges diferente, estás escribiendo una historia distinta.

Recuerdo a una mujer de mis grupos de mentoría que repetía relaciones tóxicas una tras otra. Todas con el mismo patrón: hombres ausentes, fríos, emocionalmente inaccesibles. Ella decía que los amaba, pero en el fondo solo estaba repitiendo lo que había vivido con su padre. Un día, en medio de oración, entendió que lo que su alma buscaba no era amor, era una oportunidad para corregir el pasado. Quería que alguno de esos hombres se quedara para probarse que era digna de ser elegida. Pero como la herida no sanaba, seguía eligiendo mal. Una vez que lo entendió, se atrevió a quedarse sola por primera vez. Y en ese silencio, Dios empezó a reconstruir su identidad. Hoy está en una relación sana. No perfecta, pero real. Porque ella sanó su raíz antes de buscar un nuevo fruto.

Eso es lo que pasa cuando interrumpes el sabotaje. Lo que antes te detenía, ya no tiene autoridad. Lo que antes dictaba tus decisiones, ahora se somete a una nueva, única y absoluta verdad. Y lo puedes hacer porque aunque no creas tener la fuerza, sí tienes la promesa: no estás sola, y sí es posible. No por perfección ni por fuerza, sino por revelación. No desde la culpa que te paraliza, sino desde la gracia que te levanta. No por ti sola, sino con un Dios que no solo te ve, sino que camina contigo dentro del cuarto más profundo de tu alma, y ha estado contigo desde el día que fuiste formada en el vientre de tu madre.

Confío en que ya sabes cuáles son las heridas que te han estado saboteando. Estoy segura de que las has sentido moverse en la medida en que has avanzado en tu lectura. Las viste con más claridad de la que imaginabas. *Este es ese momento sagrado en el que ya no puedes hacerte la indiferente con tu propio dolor.* Dios no vino solo a consolar tus lágrimas; vino a redimir tu historia completa. A entrar justo donde antes evitabas mirar. A mostrarte que cada patrón que hoy decides interrumpir es una puerta abierta hacia la mujer que realmente eres en Él. Este es el momento divino en el que tienes que permitirte y comenzar a escribir nuevos finales sobre capítulos que el dolor intentó cerrar con derrota. Pero que hoy, con verdad y fe, puedes volver a abrir para que sean reescritos con propósito.

Hoy quiero recordarte algo que tal vez nunca nadie te dijo con convicción suficiente: tú no estás destinada a repetir ciclos. Estás llamada a romperlos. Tú estás ungida para discernir el momento en que la herida intenta hablar más alto que tu fe. Estás equipada por el Espíritu para caminar en libertad emocional. Estás sostenida por una gracia que no solo restaura, sino que reescribe.

El sabotaje emocional no define quién eres. No es tu identidad, ni tu destino. Es una señal. Una alarma interna que grita: "Aquí hay algo que necesita atención, cuidado, verdad". Y cuando decides no ignorarla sino escucharla con la guía del Espíritu Santo, algo cambia: recuperas tu autoridad. Puedes declarar con firmeza, con fe y con propósito: "Este ciclo termina conmigo".

**Tú no estás destinada a repetir ciclos.
Estás llamada a romperlos.**

Es un hecho que ninguna de nosotros podemos reescribir cómo comenzó nuestra historia, pero mi objetivo es que entiendas cuán real e intencional puedes ser en cómo continúa. Y eso empieza con un acto sagrado: hacerle espacio a la verdad. Permitir que Dios no solo entre a consolarte, algo que solo Dios puede hacer, sino también a confrontarte con amor. No necesitas tener todas las respuestas. Por más que lo intentes, nunca lograrás tener todas las respuestas. Solo necesitas la disposición para mirar hacia adentro, dejar de huir… y empezar a sanar. El pasado ya no tiene que decidir por ti. Desde aquí, todo puede ser diferente.

No es el presente lo que te estanca, es el pasado sin resolver. La buena noticia es que hoy tienes las herramientas para redimir ese pasado que te ha detenido. Y la redención siempre empieza con una decisión valiente: mirar hacia adentro, en vez de seguir huyendo. Nombrar lo que te duele. Ver lo que antes evitabas. Atender lo que tu alma viene susurrando desde hace años.

Has llegado al final de esta primera parte, y no es casualidad. Lo que acaba de pasar dentro de ti no fue solo lectura: fue un despertar. Nombraste lo que no habías dicho en años. Sentiste lo que solías enterrar. Viste con claridad patrones que antes justificabas. Y lo más importante: le diste nombre a tus heridas... y eso es el inicio de toda sanidad.

Pero este es solo el comienzo. Hasta ahora hemos hablado de lo que llevas por dentro: pensamientos, heridas, memorias, reacciones. Ahora vas a descubrir algo igual de poderoso: que tu cuerpo también ha estado hablando todo este tiempo. Que hay dolores físicos que nacen en el alma. Que tu sistema nervioso ha estado defendiendo tu historia sin que tú lo supieras.

La Parte II de este libro te abrirá los ojos a un lenguaje silencioso, pero revelador: el lenguaje del cuerpo. Prepárate para reconocer señales que antes ignorabas. Y sobre todo, para recibir compasión divina donde antes solo sentías juicio. Porque tu cuerpo no está roto, está tratando de protegerte. Y ahora que tu corazón empieza a abrirse, es tiempo de escuchar lo que tu cuerpo también quiere decir.

PARTE II

EL CUERPO NO MIENTE: SEÑALES DE UNA HERIDA NO SANADA

Tu cuerpo no es una contradicción a tu fe, es una extensión de tu historia. No miente, aunque a veces duela. A través del insomnio que no responde a la medicina, del nudo que aparece sin razón aparente, o del sobresalto que interrumpe lo cotidiano, tu cuerpo ha estado sosteniendo verdades que tu boca calló por amor, por miedo o por hábito. No estás rota, estás en alerta. Esta parte del camino te revelará que esa tensión no es debilidad espiritual, sino un eco fisiológico de algo que el alma no ha terminado de procesar. Porque lo que no se expresa con palabras, muchas veces se imprime en la piel, en la respiración, en los gestos. Y si aprendes a escuchar esas señales sin juzgarlas, lo que antes llamabas exageración, lo empezarás a reconocer como protección.

Aquí vas a descubrir un lenguaje silencioso que ha estado sonando desde hace años. Te vas a asombrar al comprender que muchas de tus emociones intensas no aparecen de la nada, sino que están programadas por antiguos circuitos de supervivencia. Ciclos que no solo desgastan tu paz, sino que condicionan tus decisiones, sabotean tus avances, y a veces reactivan dolores que ya creías superados. Esta parte del libro te llevará a ver con claridad cómo esas reacciones no te definen, pero sí te dan pistas. Empezarás a identificar lo que tu cuerpo recuerda incluso cuando tu mente olvida. Y comenzarás a vislumbrar una sanidad real: esa que no solo consuela el alma, sino que también reentrena el sistema nervioso para habitar la paz como estado, no como excepción.

Lo más transformador de esta sección no es la información, sino la revelación que provocará en ti. Aprenderás que tu sensibilidad no es tu enemiga; es tu brújula. Comprenderás que repetir un patrón emocional no es sinónimo de debilidad, sino de una herida aún sin nombre. Y verás que ese síntoma que tanto te incomoda puede convertirse en la voz que por fin te devuelve el alma. Porque esta vez no vas a ignorar el dolor, vas a escucharlo. No para amplificarlo, sino para redimirlo. Y si te atreves a mirar más allá del cansancio, del sobresalto o de la migraña sin causa, descubrirás algo poderoso: no estás fallando; estás despertando. Y cuando el cuerpo deja de ser tu enemigo y se convierte en tu maestro, comienza una libertad nueva. Una que no solo se cree, se respira.

4

NO ESTÁS EXAGERANDO: ESTÁS EN MODO DEFENSA

Sobre toda cosa guardada, guarda tu corazón,
porque de él mana la vida.
—Proverbios 4:23

Hay cansancios que no se alivian con dormir. No vienen del cuerpo, sino de un lugar más profundo. Es ese agotamiento silencioso de tener que sostenerte por dentro sin que nadie lo note. Una especie de esfuerzo constante por mantenerte entera, incluso en los momentos más tranquilos. Te vistes con fortaleza. Sonríes con amabilidad. Cumples con todo. Pero tu alma está en guardia. Nadie lo nota, pero tú lo sientes con toda claridad. Las reacciones de tu cuerpo suceden en silencio, pero son reales, y muchas veces se encienden por cosas tan pequeñas que ni tú esperabas que dolieran tanto.

Te sucede cuando alguien te esquiva con la mirada, cuando alguien te habla un poquito más alto de lo que debería, cuando alguien en nombre de darte una "crítica constructiva" te critica y no construye, sino que en realidad te destruye. Eventos como estos, que nos suceden muchas veces cuando menos lo esperamos, producen un nudo en la garganta, se nos aprieta el pecho y se acelera el corazón. Nadie lo nota, pero tú lo sientes con toda claridad. Las reacciones de tu cuerpo suceden aunque nadie las vea, pero tú las sientes: son reales y son la forma en que tu alma grita lo que tu voz aún no sabe cómo decir.

Y es ahí donde muchas mujeres comienzan a confundirse. Se preguntan en silencio: "¿Por qué reacciono así si no fue tan grave?", "¿será que estoy exagerando?", "¿será que soy demasiado emocional?". Empiezan a dudar de sí mismas, a desconfiar de sus reacciones, a sentirse incómodas con lo que sienten. Pero escúchame bien: no estás exagerando. Estás en modo defensa. Esa reacción inesperada no es una falla de carácter ni un signo de debilidad. Es una respuesta emocional automática, activada por algo que tu alma todavía percibe como amenaza.

No estás rota. Estás en guardia. Y eso que algunos se atreven a llamar "drama" —quizá porque no entienden lo invisible— muchas veces es simplemente una reacción legítima de un corazón que aprendió a protegerse cuando nadie más lo hizo. Tu alma no está tratando de llamar la atención. Está tratando de mantenerse a salvo. Y ahora que lo sabes, puedes comenzar a mirarte con menos juicio... y con mucha más compasión.

Tal vez tú aprendiste a avergonzarte de esas reacciones. A llamarlas debilidad. A minimizarlas. A esconderlas. A disculparte por ellas como si fueran errores, en vez de señales; pero hay algo que necesitas empezar a ver con más compasión. Tu cuerpo no inventa peligros; responde a lo que un día te hizo sentir en peligro de verdad.

Cuando no puede defenderse con palabras, el alma aprende a hacerlo con reacciones. Por eso hay gestos que te incomodan, palabras que te hieren más de la cuenta, o situaciones que te hacen llorar cuando ni siquiera sabes por qué. No es desequilibrio. Es historia emocional acumulada en tu memoria y en tu cuerpo que no ha sido resuelta. Y cada reacción, por más pequeña, incómoda o "exagerada" que parezca, es una alarma que suena, pero no para incomodar sino para cuidar. Y de esas alarmas podemos aprender.

Este capítulo inicia una nueva parte de nuestro recorrido. Vamos a descubrir cómo tu cuerpo ha estado hablando todo este tiempo. Cómo cada reacción emocional tiene un origen más profundo que lo que la lógica puede explicar. Y cómo, con ayuda del Espíritu, esas reacciones pueden convertirse en discernimiento, y no en cárcel. Vamos a escuchar lo que antes ignorabas. Y a validar lo que antes te hacía sentir vergüenza.

EL SISTEMA DE DEFENSA DEL ALMA

El alma tiene su propio sistema inmunológico. No se ve, pero responde. No se escucha, pero avisa. Y aunque tú misma a veces no entiendes por qué reaccionas con tanta intensidad a ciertas situaciones, tu sistema emocional sí lo sabe. Lo que pasa es que nadie te enseñó que esa reacción no es debilidad, sino defensa.

Cuando escuchamos la palabra "defensa", pensamos en una barrera rígida, en alguien frío, duro o impenetrable; pero muchas veces las mujeres que viven a la defensiva no son duras. Son sensibles. Muy sensibles. Tanto, que su sistema nervioso ha aprendido a vivir en alerta para evitar que algo vuelva a doler. No porque sean frágiles, sino porque fueron vulnerables y no hubo nadie que las protegiera cuando más lo necesitaban.

El cuerpo no miente. Cuando algo le dolió profundamente al alma y no se resolvió, el cuerpo se encargó de recordarlo. El sistema nervioso graba memorias incluso cuando la mente consciente ya las ha enterrado. Por eso hay personas que desarrollan insomnio, contracturas, tensión en el cuello, bruxismo (rechinamiento involuntario de dientes), problemas digestivos o respiratorios... y no logran conectar esos síntomas con una experiencia emocional antigua. Pero el cuerpo sí. Él recuerda lo que la mente calló. Y reacciona.

En 2015, el Instituto Karolinska de Suecia realizó un estudio con tecnología PET[1] que demostró cómo la amígdala cerebral puede activarse incluso ante estímulos que no representan peligro real, si se parecen a experiencias traumáticas previas. Este hallazgo ha sido confirmado por múltiples investigaciones en los últimos años. Por ejemplo, otro estudio[2] demostró que mujeres con trastorno de estrés postraumático presentan una hiperactividad sostenida en la amígdala cuando se exponen a rostros neutros, indicando que su cerebro asocia señales ambiguas con peligro, incluso sin amenaza objetiva. Otro estudio realizado[3] reveló que la amígdala puede ser activada incluso cuando el sujeto no es consciente del

---

1. A. Frick et al., "Overlapping Expression of Serotonin Transporters and Neurokinin-1 Receptors in Posttraumatic Stress Disorder: A Multi-Tracer PET Study", *Molecular Psychiatry,* Advance online publication (2015). https://doi.org/10.1038/mp.2015.180.
2. K. L. Felmingham et al., "Amygdala and Ventral Anterior Cingulate Activation Predicts Symptom Change after Cognitive Behavioral Therapy for Post-Traumatic Stress Disorder", *Psychological Medicine* 44, no. 12 (2014): 2431–2443. https://doi.org/10.1017/S0033291713003236.
3. Phelps, E. A., Delgado, M. R., Nearing, K. I., & LeDoux, J. E. (2004). Extinction learning in humans: Role of the amygdala and vmPFC. *Neuron, 43*(6), 897–905. https://doi.org/10.1016/j.neuron.2004.08.042.

estímulo amenazante. Esto implica que el cuerpo puede prepararse para defenderse antes de que la mente tenga tiempo de razonar. De forma complementaria, está documentado que incluso años después de un evento traumático, la amígdala puede seguir reaccionando con la misma intensidad que en el momento original,[4] lo que explica por qué algunas personas reviven emocionalmente una experiencia aunque racionalmente sepan que ya terminó.

El cuerpo no miente. Cuando algo le dolió profundamente al alma y no se resolvió, el cuerpo se encargó de recordarlo.

¿Por qué la amígdala aparece en todos estos estudios? Porque es una de las primeras estructuras cerebrales que se activa cuando sentimos miedo, amenaza o peligro emocional. No razona, no evalúa; solo reacciona. Es como una alarma interna que suena para protegerte, aun cuando no haya fuego real.

La amígdala no distingue entre lo que es actual y lo que es parecido. Si algo en el presente se siente como algo que dolió en el pasado, la amígdala activa el sistema de defensa de inmediato: acelera el corazón, tensa el cuerpo, dispara ansiedad o activa la necesidad de huir, aunque no haya peligro real. No te pregunta si quieres reaccionar así, lo hace automáticamente. Por eso puedes sentir que estás perdiendo el control emocional, cuando en realidad es tu sistema nervioso intentando protegerte desde una memoria no sanada.

---

4. Shin, L. M., Rauch, S. L., & Pitman, R. K. (2005). *Amygdala, medial prefrontal cortex, and hippocampal function in PTSD. Annals of the New York Academy of Sciences, 1071*(1), 67–79.

En otras palabras: no necesitas estar en peligro para sentirte en peligro. Basta con que algo —una voz, un gesto, una palabra— se parezca a una amenaza del pasado. Y sin darte cuenta, tu sistema lanza la alarma. Entra en modo defensa. Te desconectas. Te cierras. Te tensas. Y luego te culpas por reaccionar así. Pero no estás fallando. Estás protegiéndote.

Tu sistema de defensa no está diseñado para razonar; está diseñado para sobrevivir. Por eso, lo que muchas veces etiquetamos como "exageración" (ya sea un llanto repentino, un sobresalto leve, una necesidad urgente de alejarse) en realidad es una reacción legítima a una amenaza no procesada. No es que la emoción esté fuera de lugar, es que la memoria emocional aún sigue viva.

Cuando una experiencia dolorosa no se reconoce ni se sana, no desaparece. Se aloja en el cuerpo como una señal de alerta permanente. Y así, aunque la mente diga "ya pasó", el sistema nervioso sigue funcionando como si el peligro estuviera presente. Es como caminar con una herida abierta que nadie ve, pero todo toca. Un comentario la roza. Una mirada la activa. Una situación inesperada la presiona. Y tú, sin darte cuenta, vives en modo defensa no porque seas débil, sino porque tu alma aún está tratando de proteger un territorio que jamás fue restaurado.

Y esto es importante, porque muchas mujeres se juzgan con dureza por esas reacciones. Piensan que les falta fe, que están fracasando espiritualmente o que no han superado lo que ya debería estar "cerrado". Pero lo que estos estudios confirman —y la Palabra respalda— es que no estás rota, estás programada. Y lo que fue aprendido, también puede ser transformado. Con la verdad, con presencia espiritual, con guía. Dios no solo quiere consolar tu herida, también quiere reentrenar tu sistema emocional para que no sigas viviendo desde la alarma, sino desde la paz.

Cuando Jesús fue arrestado, Pedro (el discípulo apasionado, el que prometió no dejarlo jamás) terminó negándolo tres veces. No una. Tres. No por falta de amor, no por convicción, *sino por defensa*. El temor activó su sistema de supervivencia. Pedro no razonó pensando "esto es lo que debo hacer espiritualmente"; Pedro no reflexionó teniendo en mente "esto honra o deshonra a mi maestro". Pedro reaccionó: "Si me descubren, estoy en peligro".

Y así, con el corazón paralizado por el miedo, *negó a quien más amaba* (Lucas 22:54-62). No porque quisiera traicionarlo, sino porque su alma se protegió. *Ese es el poder del modo defensa: no te pide permiso, te salva del peligro... aunque a veces lo haga a costa de tu verdad.*

Jesús lo sabía. Por eso, en vez de condenarlo, lo restauró después (Juan 21:15–19). Porque Cristo no trató la negación como una traición deliberada, sino como el eco de un corazón desbordado por el miedo. *Pedro no necesitaba castigo. Necesitaba reconfiguración.* Lo que actuó no fue su razón. Fue su alarma.

No estoy diciendo que el miedo justifica el pecado. La negación sigue siendo negación, y las consecuencias del error no desaparecen por ser emocionales; *pero entender cómo funciona el alma bajo amenaza no busca excusar la conducta, sino abrir una puerta a la compasión, al arrepentimiento profundo y a la restauración verdadera.* Dios no ignora nuestras reacciones impulsivas; las confronta con gracia, y las transforma desde la raíz.

El sistema de defensa del alma no diferencia entre lo que fue, lo que es y lo que podría ser. Solo reacciona a la posibilidad del dolor.

Jesús no aplaudió lo que Pedro hizo, pero sí entendió por qué lo hizo. Y desde ese entendimiento, lo levantó, lo reafirmó y lo envió de nuevo con propósito.

La Escritura también nos revela este principio. En Proverbios 4:23 se nos instruye: *Sobre toda cosa guardada, guarda tu corazón, porque de él mana la vida.* Esa palabra "guardar" implica una vigilancia activa, como quien cuida algo frágil en un campo de batalla. No se trata de encierro, sino de discernimiento. Pero muchas mujeres han confundido guardar con esconder. Y eso las mantiene a la defensiva, incluso cuando ya no hay guerra. El sistema de defensa del alma no diferencia entre lo que fue, lo que es y lo que podría ser. Solo reacciona a la posibilidad del dolor.

CÓMO SE ACTIVA Y CUÁNDO SE DISTORSIONA

El sistema de defensa se activa cuando el alma percibe que una parte de ti puede volver a ser herida. No importa si esa percepción es real o simbólica. No importa si lo que te dijeron fue suave. Si se parece al tono con el que una vez te humillaron, el cuerpo reacciona. Si se parece al rostro de alguien que te dañó, el cuerpo se cierra. Si se parece al ambiente de una herida pasada, el cuerpo se tensa. Y tú, sin querer, respondes con una fuerza emocional que ni tú misma reconoces.

No es que estés fallando. Es que aprendiste a protegerte. Y eso, en algún momento de tu vida, fue lo que te salvó. No es tu culpa. Tal vez creciste minimizando lo que sentías porque eras "la fuerte" de la familia. Tal vez nunca te permitieron llorar, y aprendiste a endurecerte. Tal vez expresaste vulnerabilidad y te castigaron por ello. Ahora, aunque anhelas cercanía, temes ser herida otra vez.

El problema aparece cuando esa defensa se convierte en el estado permanente desde el cual vives. Cuando ya no puedes abrir tu corazón sin miedo. Cuando desconfías de lo bueno. Cuando interpretas todo como amenaza. Cuando el cuerpo responde a heridas que ya no están presentes, pero siguen activas. Es estar en estado de alerta constante. Es dormir con un ojo abierto. Es estar cansada de estar cansada. Y muchas veces ni siquiera sabes por qué. Vivir así no es vivir. Es sobrevivir.

En 2018, la Universidad de California en Berkeley publicó un estudio sobre el sistema nervioso autónomo y su relación con experiencias de abandono emocional temprano.[5] Descubrieron que los niños que no fueron consolados adecuadamente desarrollaban una hipervigilancia emocional duradera, incluso en la adultez. O sea, la falta de cuidado emocional en la infancia puede alterar el desarrollo neurológico, incluyendo un impacto en el sistema nervioso autónomo.

Esto significa que hay adultos que, sin saberlo, viven con el cuerpo en modo alerta porque de niños no tuvieron a nadie que les dijera: "Estoy aquí, estás a salvo". Crecieron sin consuelo, y su sistema aprendió que era peligroso bajar la guardia. Y aunque hayan superado muchas cosas, su cuerpo sigue funcionando como si tuviera que protegerse todo el tiempo. *No porque estén en peligro ahora, sino porque nunca aprendieron lo que se siente estar verdaderamente a salvo.* Esa es la herencia silenciosa del abandono emocional temprano: una alma que anhela descanso... pero un cuerpo que no sabe cómo soltar el miedo.

---

5. Sciarrino, N. A., Hernandez, T. E. & Davidtz, J. (2018). *The effects of childhood neglect on neurological development.* En *Understanding Child Neglect* (pp. 11–18). SpringerBriefs in Psychology.

Por eso hay mujeres que, incluso en ambientes seguros, no logran bajar la guardia. Todo está bien, pero su cuerpo no lo cree. Están en la playa y sienten ansiedad. Están rodeadas de amor, pero esperan ser traicionadas. Alcanzan una meta, pero no lo disfrutan. Porque cuando la paz no fue parte de tu historia emocional, el sistema nervioso no la reconoce como un estado normal, sino como una trampa. Y si tu sistema aprendió que después de cada momento de calma venía una tormenta, ahora interpreta cualquier descanso como antesala del dolor. No es que no quieras estar en paz. Es que tu cuerpo aún no ha aprendido a habitarla sin miedo.

En la Biblia también vemos este principio. Cuando Elías huye al desierto después de haber visto fuego caer del cielo y haber derrotado a los profetas de Baal, no se escapa por debilidad espiritual, sino por agotamiento emocional. Elías venía de una jornada espiritual y emocional desgastante. En 1 Reyes 17 enfrentó la sequía con total dependencia de Dios, siendo alimentado por cuervos junto al arroyo de Querit (1 Reyes 17:2-6). Luego fue enviado a Sarepta, donde una viuda pobre lo sostuvo con una tinaja que nunca escaseó, y cuando el hijo de ella murió repentinamente, Elías oró intensamente hasta que Dios lo resucitó (1 Reyes 17:8-24).

Si tu sistema aprendió que después de cada momento de calma venía una tormenta, ahora interpreta cualquier descanso como antesala del dolor.

Más adelante, en el monte Carmelo, protagonizó uno de los momentos más dramáticos de toda la Escritura: desafió públicamente a los cuatrocientos cincuenta profetas de Baal, reconstruyó el altar caído, clamó a Jehová... y vio cómo el fuego descendía del cielo para consumir el sacrificio y redirigir el corazón de todo un pueblo (1 Reyes 18:20-39). Fue un acto de fe, valentía, presión espiritual, tensión pública y desgaste físico. Y como si eso no fuera suficiente, inmediatamente después oró siete veces por lluvia, y cuando el cielo finalmente se abrió, corrió bajo la tormenta hasta Jezreel (1 Reyes 18:41-46). *Elías no había descansado. No había llorado. No había procesado nada. Había seguido avanzando... pero por dentro, ya estaba vacío.*

Y ahí, en medio del agotamiento, llega una amenaza. Jezabel lo confronta con una frase, pero esa frase activa mucho más que un miedo lógico: despierta todo el cansancio acumulado, toda la soledad callada, todo el desgaste interno no resuelto. Elías no huye porque le falta fe. Huye porque su cuerpo y su alma no aguantan más. Y así como muchas mujeres hoy, que han hecho todo lo correcto, que han creído, servido, sostenido, resistido... él llega a un punto donde simplemente ya no puede más. *No es que no quiera estar firme. Es que ya no tiene fuerzas para seguir aparentando que lo está.* Y corre. No para alejarse de Dios. Corre para escapar de sí mismo. De ese peso invisible que solo se siente cuando todo por fuera parece bien... pero por dentro ya se rompió.

Y lo hermoso es que Dios no lo confronta con juicio. No lo acusa de ser ingrato, inconstante ni débil. No le exige una oración más fuerte, ni le recuerda su historial de milagros. En lugar de exigirle más, Dios lo recibe en su agotamiento. Le envía un ángel que le da de comer, lo deja dormir, y luego le vuelve a dar alimento (no una, sino dos veces) antes de pronunciar palabra alguna (1 Reyes 19:5-8). Dios no confrontó a Elías con sermones, lo restaura con cuidado. *Porque hay momentos que el alma no necesita instrucciones... necesita descanso.* Solo cuando su cuerpo recupera fuerzas y su alma se estabiliza, entonces le habla con suavidad, no desde el fuego ni desde el terremoto, sino desde un silbo apacible y delicado (1 Reyes 19:11-12).

Ese pasaje —*Y tras el fuego un silbo apacible y delicado* (1 Reyes 19:12)— ha ministrado mi vida en múltiples ocasiones. Porque, al igual que tú, he pasado por temporadas donde lo estruendoso me rodeaba: compromisos, urgencias, pérdidas, decisiones, ataques, traiciones y responsabilidades. Y esperaba que Dios hablara con fuerza, con rapidez, con señales claras. Pero fue en los momentos más callados, más íntimos, más rotos, donde Su voz me alcanzó con mayor ternura. Ese silbo apacible me ha sostenido más que cualquier aplauso. Porque cuando todo se agita por fuera, Dios te habla por dentro. No para empujarte, sino para abrazarte. No para exigirte, sino para recordarte que sigue contigo, incluso en tus peores momentos.

Tal vez tú también estás ahí. No porque no tengas fe, sino porque estás agotada. Pero no estás sola. Dios sabe que cuando el alma está en modo defensa, no necesita instrucciones. Necesita restauración. Necesita volver a sentirse segura. Y eso es lo que tú has necesitado muchas veces, no una corrección espiritual, sino una experiencia de cuidado profundo. Un lugar donde tu cuerpo pueda descansar, y tu espíritu pueda volver a escuchar.

Cuando todo se agita por fuera, Dios te habla por dentro. No para empujarte, sino para abrazarte. No para exigirte, sino para recordarte que sigue contigo, incluso en tus peores momentos.

El mismo Dios que le dio descanso a Elías está contigo hoy. Y no solo quiere que sobrevivas: quiere enseñarte a vivir de nuevo. Por eso, en la próxima sección vamos a hablar de lo que pasa cuando el sistema de defensa comienza a transformarse. Porque sí, es posible. Tu cuerpo puede aprender a distinguir entre el pasado y el presente. Tu alma puede sanar lo que antes solo sabía proteger. Y lo que fue defensa... puede convertirse en discernimiento.

TRANSFORMAR DEFENSA EN DISCERNIMIENTO

El Evangelio no te exige reprimir lo que sientes. Te invita a interpretarlo desde la verdad. Jesús nunca trató como exagerada a la mujer que lloraba por su hermano. "Jesús lloró" con ella (Juan 11:35). No corrigió al padre que temblaba por su hijo endemoniado, sino que respondió con poder y ternura (Marcos 9:17-27). No calló al ciego que gritaba por ayuda, sino que se detuvo, lo miró y lo sanó (Lucas 18:35-43). Y a la mujer del flujo de sangre, que se atrevió a tocarlo con su cuerpo herido, no solo la sanó, la honró. *Hija, tu fe te ha* [sanado]; *ve en paz* (Lucas 8:48).

Sanar no significa que vas a apagar tu sistema de defensa. Dios no te pide que niegues lo que sientes ni que ignores tus reacciones. Él no te llama a ser insensible, te llama a ser libre. *Sanar es transformar ese sistema que antes te protegía en una herramienta que ahora te guía.* Es enseñarle a tu alma a distinguir lo que realmente está pasando hoy, sin confundirlo con lo que viviste ayer. Es dejar de vivir con la guardia alta todo el tiempo, como si el peligro fuera inevitable, y comenzar a responder desde la verdad, no desde el miedo. Porque cuando respondes desde la verdad, tu interior se estabiliza. Puedes respirar sin sobresaltos. Puedes escuchar sin sentirte atacada. Puedes acercarte sin sentir que te vas a romper. Y eso no significa que nunca más sentirás miedo, sino que ese miedo ya no será el que tome las decisiones por ti.

En *2 Timoteo 1:7*, Pablo le escribe a Timoteo: *Porque no nos ha dado Dios espíritu de cobardía, sino de poder, de amor y de dominio propio*. Esa última expresión, que en griego es *sōphronismos*, también puede traducirse como "mente sobria", "pensamiento equilibrado", o incluso "autogobierno del alma". No habla de represión, ni de frialdad emocional. Habla de discernimiento.

Muchas mujeres, en su intento por no quebrarse, han terminado congelándose. No porque no sintieran, sino porque sintieron demasiado en algún momento y decidieron nunca más exponerse a ese dolor. Se volvieron funcionales, eficientes, fuertes por fuera; pero distantes por dentro. Aprendieron a apagar lo que dolía, pero con eso también apagaron lo que las hacía vibrar, soñar, llorar con libertad, amar sin miedo. Y aunque eso parezca control, en realidad es cautiverio. Porque la frialdad no es fruto de sabiduría, es fruto de una defensa emocional mal entendida. El discernimiento que Dios quiere darte no es para que te encierres, sino para que sepas cuándo abrirte y con quién.

El discernimiento te da el poder de ver con claridad lo que sientes, y al mismo tiempo, tener la madurez para decidir cómo vas a actuar. Es poder sentir sin que la emoción te arrastre. Es poder hablar, sin herir. Es poder amar, sin salir corriendo. Es esa paz interior que viene no de negar tu historia, sino de vivir reconciliada con ella. Y esa mente sobria, tú también la puedes tener. No porque seas perfecta, sino porque el Espíritu de Dios vive en ti. Y Él sí sabe cómo enseñarte a vivir desde la verdad, incluso en los días en que el pasado intenta hablar más fuerte que tu presente.

El discernimiento te da el poder de ver con claridad lo que sientes, y al mismo tiempo, tener la madurez para decidir cómo vas a actuar.

El discernimiento lo tienes cuando tu sensibilidad ya no te gobierna, pero tampoco la niegas. La escuchas. La filtras. La sanas. Y la usas como aliada, no como enemigo.

Pero ¿cómo se llega a ese punto? ¿Cómo pasas del modo defensa al modo discernimiento? Primero, necesitas aprender a reconocer tus reacciones sin condenarte por ellas. Cada vez que tu cuerpo se tensa, que tus emociones se desbordan o que tu corazón se cierra sin razón aparente, detente. No para juzgarte, sino para observar. Pregúntate con honestidad: "¿A qué se parece esto que estoy sintiendo? ¿Qué parte de mi historia está tocando?". El discernimiento comienza con conciencia. Y continúa con presencia. Con invitar a Dios a esos momentos en los que antes solo sabías esconderte o huir.

Transformar defensa en discernimiento también requiere de verdad. Porque solo cuando te das permiso para nombrar lo que dolió —sin minimizarlo, sin justificarlo, sin disfrazarlo de espiritualidad forzada— es que tu alma empieza a soltar el miedo y a recuperar claridad. *No puedes discernir lo que no te atreves a ver.* Y no estás sola para verlo. El Espíritu Santo no te deja sola frente a tu pasado. Él te guía en cada paso, no con acusación, sino con consuelo. Él es quien te recuerda lo que Jesús dijo, y lo aplica en el lugar exacto donde lo necesitas.

También necesitas práctica. No esperes perfección de ti misma. Discernir es un proceso que se ejercita. Tal vez al principio te sigas cerrando, tal vez reacciones demás; pero cada vez que te detienes a reflexionar, a invitar al Espíritu, a responder en lugar de reaccionar, estás reentrenando a tu alma. Estás enseñándole que ya no estás en peligro. Que puedes responder con sabiduría. Que puedes abrirte sin romperte. Que ahora tienes herramientas, lenguaje, madurez. Que ahora tienes a Cristo dentro de ti.

En cada caso que vimos antes, Jesús no reprendió la emoción. La validó. Y desde ahí trajo verdad. Y sanidad. Eso es lo que el Espíritu Santo quiere hacer contigo. *No quiere apagar tu sensibilidad, sino convertirla en claridad,* para que no sigas huyendo del amor por miedo al dolor. Para que no te sigas cerrando a toda corrección por temor al rechazo. Para que aprendas a decir: "Esta alarma me protegió; pero ya no la necesito para vivir. Ahora me sirve para identificar, sobrepasar, crecer".

Y esa frase es más que una metáfora. Es una decisión espiritual. Es el momento donde miras hacia atrás con respeto por lo que tu cuerpo hizo para ayudarte a sobrevivir, pero también con autoridad para decirle al alma: "Ahora vamos a vivir diferente. Ya no desde el sobresalto, sino desde la paz. Ya no desde la sospecha, sino desde el discernimiento. Ya no desde la herida, sino desde la sanidad".

Tu cuerpo no está en tu contra. Está peleando por ti. Solo necesita saber que ya no estás sola.

Y lo hermoso es que no lo estás. Dios ha estado todo el tiempo. Aunque tú no lo sintieras. Aunque tu alarma no lo registrara. Aunque tu miedo hablara más fuerte. Él estaba. Y sigue estando. Para enseñarte a vivir, por fin, desde un alma en paz.

5

ROMPE LOS CICLOS EMOCIONALES REPETITIVOS

Como perro que vuelve a su vómito,
así es el necio que repite su necedad.
—Proverbios 26:11

A estas alturas del camino, ya has descubierto que muchas de tus reacciones emocionales no son señales de debilidad, sino de defensa. El capítulo anterior nos llevó a ver con nuevos ojos lo que solemos juzgar con dureza en nosotras mismas: esas respuestas intensas, repentinas o desproporcionadas no son fallas de carácter, sino alarmas legítimas de un alma que aprendió a sobrevivir cuando nadie supo protegerla. Aprendimos que el cuerpo guarda memoria, que el sistema nervioso puede permanecer en estado de alerta mucho después de que el peligro real ha pasado, y que vivir en modo defensa no es vivir, es resistir. Pero también vimos que ese modo no es el final. Es posible transformarlo. Es posible que lo que antes fue defensa, ahora se convierta en discernimiento.

Sin embargo, para muchas mujeres, el modo defensa no se activa solo en situaciones puntuales, sino que se convierte en un ciclo repetitivo que afecta cada área de su vida. No es solo una reacción intensa ante un evento aislado, sino una secuencia constante de emociones que se disparan, reacciones que se desbordan, y memorias que se refuerzan. Es un circuito cerrado donde cada experiencia confirma la herida anterior, y donde el alma, sin querer, se ve atrapada repitiendo patrones que ya no desea, pero que no sabe cómo interrumpir. Eso es lo que vamos a abordar en este capítulo: cómo identificar esos ciclos emocionales disfuncionales que se han vuelto automáticos, cómo se forman y, lo más importante, cómo romperlos.

Con ayuda de la Palabra, un poco de ciencia y el Espíritu Santo, vas a recibir estrategias para que tu historia emocional no se siga escribiendo en piloto automático.

Este capítulo es distinto porque no solo valida tu reacción, te equipa para redirigirla. En vista de que ya puedes mirar tu sistema de defensa con compasión, ahora quiero darte herramientas para que recuperes tu autoridad emocional. Vamos a ir más allá del entendimiento; vamos a la transformación. Vas a aprender a interrumpir conscientemente los ciclos que por años se repitieron inconscientemente. Con ayuda de la Palabra, un poco de ciencia y el Espíritu Santo, vas a recibir estrategias para que tu historia emocional no se siga escribiendo en piloto automático.

CÓMO RECONOCER UN CICLO EMOCIONAL REPETITIVO

Después de siglos de esclavitud, Israel fue finalmente liberado de Egipto con poder, milagros y señales sobrenaturales. Dios no solo los sacó de la opresión, los rodeó con su presencia.

Dios abrió el mar para que el pueblo de Israel escapara de Egipto, dividiendo las aguas para que caminaran en seco (Éxodo 14:21-22). Les proveyó maná del cielo como alimento diario durante el desierto (Éxodo 16:14-15). Los guio de día con una columna de nube, y de noche con una columna de fuego, para darles dirección y luz en el camino (Éxodo 13:21-22).

Sin embargo, aunque su entorno había cambiado, su interior no (Éxodo 16:3). Cuando tuvieron sed, en vez de confiar en el Dios que ya les había provisto antes, se quejaron contra Moisés y el Señor (Éxodo 17:2-3). Cuando tuvieron hambre, en lugar de clamar, acusaron a Moisés de haberlos sacado de Egipto para morir en el desierto (Éxodo 16:2-3). Cuando se sintieron solos y vulnerables, desearon volver a la esclavitud, diciendo que allá al menos comían pan hasta saciarse, aunque fueran esclavos (Éxodo 16:3).

El ciclo emocional de esclavitud seguía intacto, aunque físicamente eran libres (Éxodo 16–17). Ya no estaban bajo látigos egipcios ni construyendo ladrillos para Faraón, pero sus reacciones seguían siendo las de un pueblo oprimido. Su cuerpo salió de Egipto, pero su alma aún no había sido instruida para responder diferente. Cada vez que enfrentaban una necesidad, un cambio, una incertidumbre, no actuaban desde la libertad que Dios les había dado, sino desde los mecanismos de miedo, dependencia y queja que habían aprendido en la esclavitud. Su pasado seguía condicionando su presente. No porque Dios no los hubiera rescatado con poder, sino porque ellos aún no sabían cómo habitar esa libertad emocionalmente. El milagro del Éxodo los sacó del lugar de opresión, pero solo la transformación del desierto podía enseñarles a no vivir repitiendo los reflejos de su esclavitud.

Y eso mismo nos pasa a muchas de nosotras. Dios ya rompió cadenas externas, nos sacó de relaciones, de ambientes, de hábitos. Necesitamos la transformación para no vivir repitiendo los patrones del pasado; pero cuando aparece una amenaza emocional (un silencio, una crítica, una pérdida de control), reaccionamos igual que antes. Gritamos, nos cerramos, culpamos, dudamos. No porque queramos, sino porque hay un ciclo que no se ha interrumpido. Un patrón invisible entre lo que sentimos, cómo reaccionamos y lo que creemos de nosotras mismas. Ya hemos aprendido a sentir sin reproches, entendiendo que nuestro cuerpo nos está protegiendo y que podemos discernir esas emociones. Pero más que emociones independientes, tenemos que aprender a entender qué es un ciclo emocional repetitivo para poder romperlos.

Un ciclo emocional repetitivo no es solo una emoción intensa. Es una secuencia automática y condicionada que se repite sin que la elijas:

Algo sucede → sientes de cierta forma → reaccionas igual que otras veces → refuerzas una conclusión vieja.

Esa secuencia puede haberse originado en tu niñez, en una etapa marcada por dolor no procesado, o incluso durante tu formación espiritual inicial. Lo que comenzó como una reacción legítima para protegerte frente a una herida, con el tiempo se convirtió en una codificación emocional que influye silenciosamente en tus decisiones, tus vínculos y tu vida con Dios.

Un ejemplo típico: una mujer que en su niñez fue ignorada cada vez que expresaba tristeza. Como adulta, cada vez que siente que alguien no la escucha, no solo se frustra: se activa en ella una cadena interna que le dice "lo que siento no importa". Entonces se calla, se aísla o responde con agresividad. No está reaccionando solo al presente. Está repitiendo una conclusión no sanada de su pasado. Un ciclo emocional repetitivo es una narrativa no cuestionada que se refuerza cada vez que te lastima. Y si no la detienes, terminarás creyendo que "así eres tú", cuando en realidad, así aprendiste a defenderte.

La mayor trampa de un ciclo emocional es que se camufla como temperamento. Muchas mujeres dicen: "Es que yo soy intensa", "es que todo me afecta", "siempre me pasa esto"; pero lo que no ven es que ese "siempre" es justamente la evidencia de un ciclo. Si algo se repite en tus vínculos, en tus decisiones, en tu relación con Dios, no es casualidad. Es reflejo de una programación emocional que no ha sido interrumpida.

Algunas señales:

- Reaccionas con la misma emoción ante distintos escenarios (por ejemplo, inseguridad ante autoridad, aunque esa autoridad sea sana).
- Repites el mismo tipo de conflicto con personas diferentes.
- Tomas decisiones para evitar sentir "eso" que te perturba, y terminas saboteando oportunidades.

Y lo más importante: sientes que no puedes evitarlo. Aunque ores con fervor, aunque estudies la Palabra, aunque lo hables con alguien de confianza, vuelves a reaccionar igual. Y eso puede hacerte pensar que algo está mal contigo.

Es que los ciclos emocionales no se rompen solo con deseo, voluntad o conocimiento; se rompen con intervención: espiritual, consciente y sostenida. Requieren una acción deliberada para detener lo que ha venido repitiéndose por tanto tiempo. Una respuesta distinta en el punto exacto donde antes solo sabías repetir. No basta con querer cambiar. Hay que aprender a responder desde un lugar nuevo. Y ese nuevo lugar comienza con reconocer que Dios no solo quiere consolarte, también quiere reentrenarte.

Un ciclo emocional repetitivo es una narrativa no cuestionada que se refuerza cada vez que te lastima.

Imagina una rueda de molino que gira sin avanzar. No transporta nada. No cambia de lugar. Solo da vueltas. Así es un ciclo emocional repetitivo: se activa, gira, agota... y te deja en el mismo punto. Puedes cambiar de ciudad, de trabajo, de pareja o de iglesia, pero si la rueda no se detiene desde adentro, el patrón se reactivará en el próximo escenario.

Y es que cuando el alma no ha sido sanada, repite. Repite lo que conoce. Repite lo que un día la ayudó a sobrevivir. Repite lo que sintió cuando nadie la escuchó, la protegió o la validó. Lo hace no porque sea necia o rebelde, sino porque no ha recibido una nueva instrucción. El alma herida vuelve al punto del dolor como si no hubiera otra alternativa. No porque le guste sufrir, sino porque aún no sabe vivir sin ese patrón. *No puedes tener una vida nueva con reacciones viejas.*

Israel estaba fuera de Egipto, pero Egipto seguía dentro de ellos. Y no fue hasta que una nueva generación aprendió a creer distinto, a obedecer sin quejarse, a confiar sin murmurar, que pudieron entrar en la Tierra Prometida. Lo mismo pasa contigo: el ciclo solo se rompe cuando decides no girar más, cuando interrumpes la secuencia antes de que se complete.

RESPONDIENDO IGUAL... AUNQUE YA NO SEAS LA MISMA

Sabemos que el cerebro crea rutas neuronales en función de la repetición emocional. Cuando una reacción se repite muchas veces (como cerrarte cada vez que sientes rechazo, o alterarte cada vez que alguien alza la voz), esa ruta se vuelve más rápida, más automática, más dominante. Es como un sendero que se ha pisado tanto que ya parece camino natural.

En el capítulo anterior ya te expliqué extensamente cómo la amígdala, centro cerebral de la memoria emocional, puede activarse incluso ante estímulos que no representan un peligro real, simplemente porque se parecen a una amenaza previa. Esto significa que puedes tener conciencia espiritual y aun así vivir secuencias emocionales que tu alma no elige, pero tu sistema sí. Hay rutas internas que se activan antes de que tengas oportunidad de responder desde tu identidad. La emoción no pide permiso para llegar, simplemente ocupa el espacio si no ha sido redirigida. Es como si una parte de ti —la más antigua, la que fue formada en el miedo o el abandono— actuara en automático mientras tú intentas orar. No estás fallando, estás funcionando desde un sistema que nunca fue enseñado para detenerse. Pero lo hermoso del Reino es esto: lo que se repite por programación puede romperse por revelación.

Cada reacción automática se apoya en una creencia interna que actúa como base. No siempre la dices en voz alta, pero vive en tu interior. Algunas de las más comunes son: "No soy suficiente", "siempre me abandonan", "debo hacerlo perfecto o me rechazan", "si soy vulnerable, me lastiman". Esas creencias no aparecen de la nada. Se forman a raíz de experiencias dolorosas no procesadas y se reafirman cada vez que repites el mismo ciclo emocional.

Lo hermoso del Reino es esto: lo que se repite por programación puede romperse por revelación.

Por ejemplo, si en tu niñez cada vez que mostrabas tristeza te decían "no llores", "exageras" o simplemente te ignoraban, es probable que te hayas formado la idea de que sentir es peligroso. Entonces, en tu adultez, cuando alguien no responde a tu emoción como esperas, no solo te duele, se activa esa vieja idea. Y la reacción se vuelve desproporcionada porque no es solo por el presente, es por todo lo que esa emoción representa.

Cuando un ciclo emocional no ha sido interrumpido, no solo afecta cómo te sientes, afecta cómo vives tu fe, cómo lideras, cómo amas, cómo decides. Algunas señales de que un patrón repetitivo está activo en tu interior son:

- dificultad para confiar en relaciones sanas, porque inconscientemente esperas ser traicionada;
- estancamiento espiritual: oras, pero no avanzas; sirves, pero no disfrutas; estudias, pero no descansas; y

- reacciones espirituales que repiten guiones antiguos: te retraes ante corrección, interpretas silencio como castigo divino, sientes que debes ganarte el amor de Dios.

¿Recuerdas que en el capítulo anterior ya mencionamos cómo Pedro no había dejado de amar al Maestro cuando lo negó tres veces? Pedro tuvo una reacción de defensa en un momento emocional muy fuerte, pues no fue el único, ya que Jonás no solo tuvo una reacción emocional como la de Pedro, sino que repitió el patrón inconscientemente.

Cuando pensamos en Jonás, lo primero que viene a la mente es que fue tragado por un gran pez. Y aunque ese evento es impactante, no es lo más importante de su historia. Jonás no es solo el profeta que huyó, es el hombre que repitió un mismo patrón emocional, incluso después de haber sido rescatado.

Dios le dio una asignación clara: ir a Nínive, una ciudad violenta y pagana, para anunciar juicio y llamar al arrepentimiento (Jonás 1:1-2). Pero Jonás no quiso obedecer. En lugar de ir hacia Nínive, tomó un barco en dirección contraria, huyendo del propósito divino (Jonás 1:3). Su reacción no fue casual, estaba profundamente enojado con la idea de que Dios tuviera misericordia de una nación que él consideraba enemiga. No quería que Dios los perdonara, y por eso huyó. Su evasión no era logística, era emocional.

Cuando la tormenta lo alcanzó, terminó siendo lanzado al mar y tragado por un gran pez preparado por Dios (Jonás 1:17). Desde las entrañas de esa criatura, oró, se quebrantó, y fue liberado. Esa parte la conocemos. Pero lo que pocas veces se predica es que, después de habér sobrevivido milagrosamente, Jonás siguió cargando el mismo conflicto interno. Fue a Nínive, predicó, y vio lo impensable: una ciudad entera arrepentida (Jonás 3:3-5); pero en lugar de alegrarse… se molestó (Jonás 4:1). En lugar de celebrar la compasión divina, se enojó con Dios (Jonás 4:2).

LA INTERVENCIÓN ESPIRITUAL, EMOCIONAL Y CONSCIENTE

Identificar un ciclo no es suficiente. Reconocerlo, nombrarlo, incluso llorarlo, tampoco lo rompe. Muchas mujeres se quedan en ese punto: ven el patrón, sienten vergüenza por repetirlo, pero no saben cómo hacer algo diferente cuando la emoción regresa. No basta con querer, hay que interrumpir; y para eso, necesitas tres cosas: una intervención espiritual, una decisión emocional, y una consciencia nueva que, poco a poco, te prepare para pensar diferente.

Esta sección es un mapa, no una fórmula mágica. Es una guía realista y espiritual para ayudarte a frenar lo que por años se activó sin permiso. Vas a ver cómo intervenir desde tres dimensiones: alma, emoción y pensamiento. Y aunque parecen capas distintas, en realidad son parte de un mismo sistema de sanidad. Cuando Dios toca tu espíritu, te abre camino para decidir distinto emocionalmente, y eso comienza a preparar a tu mente para una transformación más profunda. Esta sección no busca que lo logres todo, pero sí que detengas lo que parecía imposible frenar. Te va a mostrar que hay más autoridad en ti de la que te han hecho creer, y que el ciclo no se rompe por fuerza de voluntad, sino por una intervención guiada, compasiva y reveladora.

La transformación total vendrá más adelante, cuando entremos juntas a la sanidad corporal, al perdón profundo, a la reprogramación mental y a la recuperación del propósito. Aún no estamos ni a mitad de camino, pero no necesitas llegar al capítulo final para empezar a experimentar cambios reales. Cada capítulo ha sido diseñado como una intervención en sí misma. Cada paso que das te prepara para el siguiente. Y aunque no tengas aún todas las herramientas, lo que ya tienes hoy es suficiente para comenzar a interrumpir lo que por años te dominó. Hoy no necesitas tenerlo todo resuelto. Solo necesitas decidir que esta vez no vas a girar en la misma rueda.

Cuando Dios toca tu espíritu, te abre camino para decidir distinto emocionalmente, y eso comienza a preparar a tu mente para una transformación más profunda.

Todo ciclo emocional repetitivo tiene una mentira en su raíz. No siempre es evidente, pero está ahí: una idea distorsionada sobre quién es Dios, sobre quién eres tú o sobre lo que puedes esperar de los demás. Es algo que creíste en un momento de dolor, abandono o confusión, y aunque tu fe haya crecido, esa mentira puede seguir operando como una "ley interna" que te sabotea. A veces se esconde en frases como: "Dios está conmigo, pero a mí siempre me toca lo más difícil", "si muestro debilidad, me van a desechar", "yo soy la que siempre tiene que arreglarlo todo". Mientras esa idea permanezca sin ser confrontada, el ciclo se refuerza.

Por eso necesitamos una *intervención espiritual*. Esto se da cuando el Espíritu Santo entra al lugar donde se sembró la mentira, no para juzgarte, sino para redimirte. Es invitar a Dios a hablar directamente a la raíz, a ese momento exacto donde algo se fracturó. A diferencia de cualquier otro tipo de intervención, la espiritual no se basa en técnica humana, sino en revelación divina. Y sin esa revelación, puede haber mejora, pero no transformación.

Solo el Espíritu puede ir tan profundo como para separar alma y espíritu (Hebreos 4:12). Solo Él puede alumbrar lo que tú aprendiste a oscurecer. Solo Él puede decirte con ternura: "Eso que has creído no es lo que Yo digo de ti".

Una intervención espiritual puede tomar muchas formas. A veces llega a través de una oración reveladora que te confronta con lo que crees. Otras veces, a través de una palabra específica que alguien pronuncia justo cuando más la necesitas. También puede ocurrir en medio de una adoración profunda, donde el Espíritu Santo te toca sin que haya explicación racional, pero con una convicción transformadora. Incluso puede darse durante una conversación, una ministración o un momento de silencio donde la presencia de Dios interrumpe tu narrativa emocional sin palabras, pero con poder. No se trata de un método. Se trata de disponibilidad. Cuando tú le das permiso a Dios de entrar en el lugar donde se formó la mentira, Él siempre lo llena con verdad.

Por eso, cuando te dispongas a romper un ciclo, no comiences por analizarte, comienza por exponerte. No solo le digas a Dios lo que sientes, pídele que te muestre lo que crees. Lo que hay debajo del enojo, del temor, del silencio. A veces, el Espíritu responde en la misma oración. Otras veces lo hará en días posteriores, usando palabras, personas o recuerdos que no habías conectado antes. Pero siempre responde. Y cuando lo hace, no es para culparte, es para revelarte. Por eso, no basta con orar "Señor, ayúdame". Necesitas orar: "Señor, ¿qué mentira está alimentando esta reacción?". Esa oración no es liviana. Es peligrosa. Porque activa luz donde había oscuridad. Y cuando esa luz entra, comienzas a ver. Como ya aprendiste en el capítulo 4, el discernimiento no es solo ver lo que pasa, es entender lo que hay detrás. Y en esta etapa necesitas discernir no solo tus emociones sino las creencias que las sostienen.

Una intervención espiritual no es un evento aislado. Es un proceso continuo donde te permites ser interrumpida por Dios cada vez que el ciclo quiera repetirse. A veces sentirás un cambio inmediato. Otras veces, solo notarás que ya no reaccionas como antes. Y eso ya es victoria. No te presiones a sanar todo de golpe, pero sí comprométete a no dejar ninguna mentira sin confrontar. Porque cada vez que eliges la verdad, el ciclo pierde fuerza. Y cada vez que invitas al Espíritu a tocar la raíz, Él no solo sana, Él redime. La sanidad espiritual no es el destino final. Es el punto de partida donde tu historia deja de girar en círculos y empieza a caminar hacia un propósito.

Por eso también necesitamos una *intervención emocional*. Se da cuando eliges conscientemente responder distinto, aun cuando por dentro te sientes igual. Es cuando no esperas a "sentirte mejor" para actuar diferente. Tomas una decisión pequeña, pero significativa, que interrumpe la secuencia automática que solías repetir. Es lo opuesto a vivir en modo piloto automático. Es decirte a ti misma: "Esta vez, aunque tenga ganas de gritar, voy a respirar. Aunque quiera huir, me voy a quedar. Aunque todo en mí quiera cerrarse, voy a hablar con honestidad".

Y sí, es posible. Puede que por años hayas sentido que tus emociones gobernaban tus decisiones, que reaccionabas antes de tener opciones. Pero cuando el espíritu se alinea con la verdad, el alma empieza a creer que también puede elegir diferente. Lo que antes parecía incontrolable, comienza a ser habitable. Hay más dominio en ti del que has visto. No porque lo hayas conquistado sola, sino porque Dios ya encendió luz en el lugar más profundo. Ahora puedes hacer algo nuevo con lo que antes solo sabías repetir. Y ese "algo nuevo" no empieza en lo grande, empieza en lo interno.

En lo invisible. En lo emocional. Esta vez tú puedes interrumpir lo que siempre te interrumpía a ti.

No se trata de negarte. Se trata de redirigirte. Jesús lo hizo con Marta. Ella llegó con emoción cruda, reclamándole que no llegó a tiempo para evitar la muerte de su hermano (Juan 11:21). Pero Jesús no le respondió desde la emoción; le habló con dirección: *Yo soy la resurrección y la vida* (Juan 11:25). No ignoró su dolor; pero tampoco se dejó arrastrar por su impulso. Él eligió reposicionar la conversación. Eso es una intervención emocional: elegir interrumpir lo que sientes con lo que sabes que edifica.

Esto no es perfección emocional, es redención progresiva. No es que nunca más sientas lo mismo, es que ahora sabes que no estás obligada a reaccionar igual. Puedes pausar. Puedes respirar. Puedes pedir ayuda. Puedes esperar cinco segundos más que antes. Y eso, aunque parezca poco, es enorme. Porque cuando decides no cederle el control a la emoción de siempre, el cielo celebra el avance. Cada microdecisión diferente es una profecía en acción: estás dejando de repetir y empezando a sanar.

Y también necesitamos una *intervención consciente*. Es cuando eliges, con plena intención, sembrar una nueva forma de pensar en medio del mismo escenario que antes activaba tu ciclo. No es una reprogramación completa todavía (eso vendrá más adelante), pero sí es el inicio de un nuevo guion. Es cuando no permites que tus pensamientos se acomoden por costumbre, sino que decides introducir verdad, dirección y posibilidad donde antes solo había reacción.

Cada microdecisión diferente es una profecía en acción: estás dejando de repetir y empezando a sanar.

A veces, esa intervención comienza con una frase corta pero poderosa: "Yo no soy la misma que antes", "no tengo que responder igual", "hoy tengo otra opción". No son afirmaciones vacías. Son recordatorios sagrados. Son declaraciones que emergen de una intervención espiritual real y de una emoción que ya no gobierna en automático. Son el eco consciente de todo lo que Dios ya comenzó a redimir en ti. Porque cuando tu espíritu ha sido tocado y tus emociones han sido reconocidas, tu mente empieza a recuperar su voz. Ya no repites lo que siempre pensaste. Ahora eliges qué pensar. Y aunque la mente aún esté condicionada por lo viejo, el acto de introducir un pensamiento distinto, aunque sea pequeño, ya es señal de renovación. *Una frase que nace de la verdad puede abrir un surco en la tierra dura de años de programación.* Y por ahí, tarde o temprano, florece una historia diferente.

Romanos 12:2 nos llama a ser transformadas por la renovación del entendimiento. Y sí, esa renovación puede comenzar en un altar, en medio de una adoración que te quiebra, en una prédica donde la Palabra se vuelve personal, o en una oración donde Dios toca lo que tú escondías. *Pero lo que empieza con intervención espiritual, se sostiene con intención consciente.* Porque por más que Dios haya encendido una luz en ti, es tu decisión diaria la que mantiene esa luz encendida. La intervención consciente es esa elección interna de pensar con dirección, donde antes solo pensabas con impulso. Es abrir espacio para la verdad en una mente que siempre funcionó en modo defensa. No es perfección, es progresión. Y esa progresión no se siente espectacular, pero es poderosa. Una frase dicha con convicción, un pensamiento detenido a tiempo, una narrativa corregida en voz baja, todo eso es parte de tu renovación. No subestimes lo invisible: *interrumpir el pensamiento de siempre ya es una forma de romper el ciclo.* Y aunque no transforme tu historia en un día, sí puede evitar que repitas el ayer mañana. Y eso, querida lectora, ya es evidencia de que Dios está obrando en ti.

La mujer del flujo de sangre llevaba doce años repitiendo el mismo ciclo: enfermedad, aislamiento, pérdida, frustración (Lucas 8:43-44). Había probado con todo y con todos, pero su situación solo empeoraba. Hasta que un día, interrumpió su propio patrón. No esperó a que todo estuviera alineado. No necesitó que nadie la llamara por nombre. Solo se atrevió a extenderse con fe y tocar el borde del manto de Jesús. En ese acto, sencillo pero poderoso, se rompió el ciclo: su cuerpo fue sanado, su vergüenza fue restaurada, y su identidad fue afirmada. Jesús no solo le dijo "queda sana". Le dijo: *Tu fe te ha salvado* (Lucas 8:48). No fue solo un milagro físico. Fue una intervención total: espiritual, emocional y consciente. Una mujer que había vivido en repetición, salió del anonimato y caminó en redención.

Esa historia no está ahí solo para admirarla. Está para recordarte que los ciclos no se rompen por lógica... se rompen por revelación, por un momento de luz donde entiendes que no estás atada a lo que viviste, ni definida por lo que sentiste; que el Espíritu Santo no solo consuela tus heridas, sino que también te reentrena en verdad. Él no viene solo a contener tus lágrimas, sino a enseñarte a caminar distinto. Él es tu maestro interior, tu guía fiel, el único que puede entrar a esa parte donde se formó el patrón y decirte: "*Aquí comienza algo nuevo*". Por eso este capítulo no es solo una enseñanza, es una puerta. Una invitación a que interrumpas la rueda. A que no te conformes con saber qué te pasa, sino que aprendas a responder desde otro lugar.

Te animo a usar este capítulo como una guía. No lo termines y simplemente sigas al próximo. Léelo con honestidad. Las preguntas que surjan, úsalas como herramientas de autoevaluación.

Siente, ora, escribe, responde. Pide al Espíritu que te muestre qué ciclo necesita ser interrumpido. Haz un inventario sin juicio y con esperanza. Este no es un capítulo para acumular información, es un espacio de redención activa. Aquí no se trata de entender todo... se trata de decidir algo. Porque aunque el ciclo haya sido largo, tu historia no tiene que terminar en repetición. *Una decisión interrumpida con fe puede ser el comienzo de una vida distinta.*

Los ciclos no se rompen por lógica...
se rompen por revelación.

6

HERIDAS INTERNAS, SÍNTOMAS VISIBLES

Mientras callé, se envejecieron mis huesos
en mi gemir todo el día.
—Salmos 32:3

Hay dolores que no aparecen en radiografías, pero sí desgastan la vida. Dolores que no se pueden explicar con palabras, pero que se alojan en la piel, en el estómago, en los suspiros que no se exhalan por completo. Este capítulo marca el final de la Parte II de este viaje, donde hemos descubierto que el cuerpo no es un enemigo que hay que controlar, sino un aliado que a veces grita lo que el alma aún no se atreve a decir. Aquí vamos a mirar con nuevos ojos ese lenguaje silencioso que tu biología usa para alertarte de lo que necesita atención, redención y descanso.

Quizás llevas años sintiendo una presión en el pecho que los médicos no logran diagnosticar. O migrañas que aparecen justo después de una discusión que no te atreviste a tener. O cansancio que no se cura con sueño. No, no te lo estás imaginando. Tu cuerpo solo está diciendo lo que tu alma ya sabía, pero no sabía cómo nombrar.

Si duele, es real. Y si persiste, no es debilidad: es un llamado interno que merece ser escuchado con respeto, no con culpa. Lo que no se expresa, se imprime. Lo que no se llora, se inflama. Y lo que no se habla, el cuerpo lo convierte en síntoma. Este no es un capítulo médico, pero sí es uno profundamente espiritual. Porque el cuerpo también es templo del Espíritu Santo (1 Corintios 6:19), y a veces manifiesta con síntomas lo que el alma aún no ha podido expresar con palabras.

En estas páginas no te vamos a pedir que entiendas cada parte de tu biología, no soy médico. Sin embargo, quiero ayudarte a escuchar tu biología **con** *compasión, valentía y fe*. Vamos a explorar cómo Dios no solo quiere sanar tu corazón, sino también tu cuerpo, comenzando por la raíz emocional y espiritual de lo que nunca pudiste decir en voz alta. La promesa es esta: si te atreves a darle voz a lo que callaste por tanto tiempo, es posible que descubras que tu cuerpo no estaba fallando, sino que estaba orando por ti.

EL CUERPO COMO CAJA DE RESONANCIA DEL ALMA

No todo lo que duele se puede rastrear con un examen. Hay síntomas que no vienen de un virus, sino de un vacío. Dolores que no comienzan en los nervios, sino en los recuerdos. Muchas veces el cuerpo no está fallando, está resonando. Como una caja de madera que vibra cuando se le toca una cuerda interna, nuestro cuerpo también vibra cuando una emoción no resuelta vuelve a sonar dentro del alma. Es una respuesta sagrada, no una traición biológica. Una especie de eco interno que intenta avisarnos: "Aquí dentro quedó algo sin nombrar". Y es ahí donde comienza la verdadera sanidad: no en silenciar la alarma, sino en escuchar su origen. Cuando dejamos de ver el cuerpo como "el problema", y empezamos a tratarlo como un profeta del alma, la compasión toma el lugar de la culpa, y la comprensión, el lugar del miedo.

Hay síntomas que no vienen de un virus, sino de un vacío. Dolores que no comienzan en los nervios, sino en los recuerdos.

Desde tiempos bíblicos, la Escritura reconoce esta conexión entre cuerpo y alma. David lo expresó con una claridad desgarradora: *Mientras callé, se envejecieron mis huesos en mi gemir todo el día* (Salmos 32:3). David no hablaba metafóricamente; hablaba fisiológicamente. La carga emocional no expresada envejecía sus huesos. Su silencio emocional tenía una consecuencia corporal. David no escribió "*mientras callé, se envejecieron mis huesos*" como un ejercicio poético, sino como una confesión desde el quebranto profundo. Su alma venía cargando varias capas de silencio emocional. Había cometido adulterio con Betsabé y, para encubrirlo, ordenó la muerte de su esposo Urías (2 Samuel 11:2-17). Por un tiempo vivió bajo el peso de ese pecado oculto, sin confesarlo, soportando la culpa, la doble vida, el deterioro interno. Luego su hijo, fruto de esa relación, enfermó y murió (2 Samuel 12:15-19), y aunque David ayunó, lloró y clamó, también quedó emocionalmente devastado.

A esto se sumaron traiciones familiares: su hijo Absalón lo deshonró y se rebeló contra él (2 Samuel 15), provocando un exilio forzado y una mezcla de dolor paternal y político. Todo esto fue dejando marcas no solo en su espíritu, sino también en su cuerpo. Cuando finalmente escribe el Salmo 32, ya ha confesado, pero está describiendo el estado en el que vivió mientras guardaba silencio: su cuerpo literalmente "envejecía" bajo el peso de lo no dicho, lo no enfrentado y lo no sanado.

Y no fue la única vez que David reconoció esta verdad. En el Salmo 38, clama: *Nada hay sano en mi carne, a causa de tu ira; ni hay paz en mis huesos, a causa de mi pecado* (Salmos 38:3), y más adelante añade: *Estoy encorvado, estoy humillado en gran manera; ando enlutado todo el día* (v. 6). Su lenguaje corporal refleja su aflicción emocional. En el Salmo 6, escribe: *Mis huesos se estremecen* (v. 2), y declara que llora tanto que su lecho se empapa y su vista se debilita por la tristeza (vv. 6-7). No se trata de dramatismo, sino de discernimiento. David entendía que el cuerpo no puede cargar para siempre con lo que el alma calla. Cada dolor en su interior tenía una resonancia física, y cada confesión que finalmente soltaba, traía también alivio somático. La Biblia no separa espíritu y cuerpo como si fueran compartimentos aislados: nos recuerda que somos uno, y que lo no procesado emocionalmente muchas veces termina manifestándose físicamente. Hay una razón por la que sientes lo que sientes. Tu alma herida busca salida, y el cuerpo se ofrece como mensajero cuando la boca ya no sabe qué decir.

Tal vez por años pensaste que eras demasiado sensible. Que deberías "ser más fuerte", "dejar eso atrás", o "superarlo ya"; pero el alma no se sana con regaños. Se sana con verdad y con espacio. Y cuando no le das ese espacio, el cuerpo lo abre. A veces en forma de un síntoma difuso, otras veces con enfermedades reales que nadie logra explicar. No eres frágil. Eres profunda. Y lo profundo no se cura con rapidez. El cuerpo, en su infinita sabiduría creada por Dios, no está diseñado solo para caminar, correr o producir. También está diseñado para alertar, para guardar memoria, para protegerte cuando tú ya no sabes cómo hacerlo. Cada temblor, cada fatiga, cada opresión sin diagnóstico puede ser un recordatorio: tu cuerpo no te está castigando, te está cuidando... a su manera.

El cuerpo y el alma no están separados. Estudios de la Universidad de Nueva York[6] demostraron que emociones reprimidas activan las mismas zonas cerebrales que el dolor físico crónico. Es como si el cuerpo hablara en voz alta lo que tu espíritu lleva años susurrando. No es casualidad que después de una conversación dolorosa, sientas nudos en el estómago. O que luego de años sin hablar de una pérdida, comiences a padecer fatiga inexplicable. El alma habla. Y cuando nadie la escucha, el cuerpo hace eco.

Esta sección no busca que te conviertas en experta en biología, ni que desconfíes de cada síntoma. Lo que quiero es que comiences a mirar tu cuerpo con ojos distintos. No como un contenedor roto, sino como una caja de resonancia del alma. Como un templo sagrado donde cada dolor puede ser una oración cifrada. Porque, como dice la Escritura: *¿O ignoráis que vuestro cuerpo es templo del Espíritu Santo?* (1 Corintios 6:19). Y si el Espíritu habita en ti, no todo síntoma es castigo. Algunos son llamados. Algunos son susurros divinos que te invitan a volver a ti, a escucharte, a soltar. Y quizás, por primera vez en mucho tiempo, a sanar desde adentro, sanar de verdad.

---

6. Wager, T. D., Atlas, L. Y., Lindquist, M. A., Roy, M., Woo, C. W. & Kross, E. (2017). *An fMRI-based neurologic signature of physical pain*. New York University Neuroscience Institute.

EL ALMA QUE CALLA SE ACUMULA EN EL TEJIDO

La mayoría de nosotras aprendió desde muy temprano a guardar. Guardar la rabia para no parecer ingobernables. Guardar el miedo para no preocupar a nadie. Guardar la tristeza porque "hay gente que está peor que tú". Y así, sin darnos cuenta, fuimos metiendo emociones en una especie de depósito invisible que parecía no tener fondo... hasta que el cuerpo comenzó a gritar lo que el alma se obligó a callar. Lo que no lloraste, apareció como un nudo en la garganta. Lo que nunca dijiste, se volvió acidez estomacal. Lo que fingiste que no dolía, se convirtió en contracturas, insomnio, migrañas, palpitaciones o alergias sin explicación médica clara. Y aunque no todos los síntomas tienen raíz emocional, muchos se desarrollan cuando las emociones no reciben atención, validación ni expresión.

La ciencia ha empezado a confirmar lo que la Escritura expresa claramente desde hace siglos: el cuerpo y el alma no se afectan por accidente, se influyen profundamente. Un estudio realizado en 2015[7] documenta cómo las emociones no expresadas activan la amígdala cerebral (la región que registra el trauma), provocando hiperactivación nerviosa, dolor físico y reacciones inflamatorias, incluso cuando el estímulo ya ha pasado. Es decir, cuando una emoción permanece sin ser verbalizada ni procesada, el cuerpo encuentra otra forma de sostenerla. El alma guarda silencio, pero la biología continúa la conversación. Y el sistema nervioso, sin el apoyo de la expresión emocional, empieza a defenderse como si estuviera bajo ataque real.

---

7. Van Der Kolk, B. A. & Lanius, R. A. (2015). *Toward an integration of psychological and biological observations in the treatment of PTSD*. National Center for Biotechnology Information.

Esta conexión no es solo científica, es profundamente bíblica. David dijo: *Ten misericordia de mí, oh Jehová, porque estoy enfermo; sáname, oh Jehová, porque mis huesos se estremecen* (Salmos 6:2). El dolor no era solo en su espíritu, también en su cuerpo. En el Salmo 31:10 declaró: *Porque mi vida se va gastando de dolor, y mis años de suspirar; se agotan mis fuerzas a causa de mi iniquidad, y mis huesos se han consumido.* ¿Qué estaba experimentando? No solo remordimiento, sino deterioro físico por años de emociones no gestionadas. Hoy, eso tiene nombres clínicos. En tiempos bíblicos, ya tenía lenguaje espiritual: una alma sobrecargada que se manifestaba en un cuerpo agotado.

La ciencia ha empezado a confirmar lo que la Escritura expresa claramente desde hace siglos: el cuerpo y el alma no se afectan por accidente, se influyen profundamente.

Por eso, cuando una mujer me dice: "Me duele el cuerpo, pero no sé por qué", no pienso en fragilidad, pienso en saturación. No pienso en exageración, pienso en historia. Porque a veces ese dolor de espalda no es postural, es emocional. A veces la fatiga no se resuelve con una siesta, sino con una conversación honesta. A veces no necesitas más suplementos; necesitas permiso para liberar lo que llevas contenido por demasiado tiempo. Tu cuerpo encuentra su voz no para castigarte, sino para protegerte. Como si el Espíritu Santo estuviera diciendo: "Este dolor no es un fallo. Es una señal. Estoy aquí para ayudarte a soltar".

Déjame insistir: de ninguna forma estoy proponiendo que seas experta en biología (yo misma no lo soy) ni que sospeches de cada sensación física. Lo que deseo es que desarrolles una mirada más compasiva y espiritual hacia tu cuerpo. Porque si una emoción no tiene espacio en la conversación, muchas veces lo busca en el cuerpo. No para avergonzarte, sino para alertarte. No para culparte, sino para guiarte de regreso a ti misma. Tu cuerpo, como templo del Espíritu Santo (1 Corintios 6:19), no solo te acompaña, también intercede. A su modo. Con sus alarmas, con sus tensiones y con sus síntomas. Y cada uno de ellos puede ser el principio de una conversación que el cielo está esperando tener contigo.

LO QUE CALLAS SE TRANSFORMA EN CARGA

Hay silencios que no vienen del miedo, sino del amor. O, al menos, de una forma confusa de entender el amor. Callaste porque no querías herir a tus padres. Callaste para no avergonzar a tu familia. Callaste para que otros pudieran seguir brillando. Callaste porque eras la fuerte, la madura, la espiritual; pero detrás de ese silencio había una historia no dicha que empezó a manifestarse por otros caminos. Tu cuerpo, que no tiene los filtros sociales del alma, comenzó a sostener lo que tú ya no podías nombrar. Tensión en la mandíbula, presión en el pecho, agotamiento persistente, no eran enfermedades nuevas, sino emociones antiguas que nunca encontraron espacio para expresarse. Lo que no dijiste con la boca, lo dijiste con tu sistema nervioso.

No es el llamado a amar, servir o cuidar lo que enferma. No es ser madre, esposa, líder o hija lo que agota el alma. Son roles nobles, diseñados por Dios, y muchas veces son también parte de nuestra adoración. Lo que sí desgasta es cuando en el proceso dejamos de escucharnos. Cuando nos exigimos silenciar nuestras emociones en nombre de una espiritualidad que no admite debilidad. Cuando confundimos fortaleza con negación. La entrega no es el problema;

el problema es la soledad emocional con la que muchas mujeres la viven. No fuiste llamada a ser invulnerable, sino a ser guiada. Y Dios no te pide que escondas lo que sientes para ser buena, te invita a procesarlo con Él para ser libre.

Hago esta aclaración porque creo que uno de los grandes desafíos sociales que enfrentamos hoy es precisamente la incapacidad de muchas mujeres para procesar con salud las cargas emocionales que surgen de sus propios llamados. Y en lugar de buscar acompañamiento, verdad y sanidad, algunas terminan denigrando el valor de ser esposa, madre o cuidadora. Rechazan los roles que solo una mujer puede asumir, no porque esos roles sean malos, sino porque los vivieron solas, heridas o sin espacio para ser escuchadas. Pero desvalorizar lo que nos fue confiado no es la solución. La verdadera revolución femenina no está en renunciar a lo que nos hace únicas, sino en aprender a caminar esos caminos con profundidad emocional, libertad interior y respaldo espiritual.

Jesús dijo: *Venid a mí todos los que estáis trabajados y cargados, y yo os haré descansar* (Mateo 11:28). En griego, la palabra usada para "cargados" es *phortizó*, que describe un peso impuesto, muchas veces por otros, y que sobrepasa las fuerzas de quien lo lleva. No es simplemente cansancio físico: es agotamiento acumulado. Es el peso de haber sostenido demasiadas veces lo que nadie más quiso mirar. Es esa mezcla de agotamiento espiritual con agotamiento biológico que no se resuelve con dormir más ni con tomar vitaminas. Jesús no solo estaba hablando del alma; estaba hablando del todo. Su descanso no es una metáfora emocional, es una redención concreta. Una promesa de alivio real para las que han vivido más tiempo cuidando que siendo cuidadas.

No subestimes el efecto espiritual de una carga emocional no dicha. Lo que se reprime por lealtad termina distorsionando la relación con Dios, contigo misma y con los demás. Porque tarde o temprano, el alma resentida por no haber sido escuchada comienza a sabotear la paz. Y el cuerpo, fiel como siempre, empieza a hacer de mensajero. Dios no espera que lo resuelvas todo sola. Tan solo quiere que reconozcas lo que has estado callando. Que lo nombres, lo entregues, y lo sueltes. No porque sea fácil, sino porque es necesario. Porque el descanso que anhelas no llega solo cuando termina la jornada; llega cuando sueltas la carga.

DEL SÍNTOMA A LA VOZ: LIBERAR LO QUE NUNCA DIJISTE

No todas saben ponerle nombre a lo que llevan dentro. Muchas mujeres sienten que algo les pesa, que algo duele, que algo les está robando la paz; pero no tienen palabras para explicarlo. Solo saben que el cuerpo está cansado, el pecho apretado o el insomnio incontrolable. Y eso las frustra, porque sienten que para sanar primero tendrían que entenderse, explicarse, hablarlo con claridad. Pero no siempre es así. En la Biblia, Jesús sanó a personas que no dijeron ni una palabra. Como la mujer encorvada, que llevaba dieciocho años doblada por una dolencia que ni siquiera podía describir (Lucas 13:11-13). O el hombre de la mano seca, que no pidió ayuda con palabras, pero cuya necesidad fue evidente (Mateo 12:10-13). Ambos fueron vistos, entendidos y restaurados sin tener que dar explicaciones. Porque Dios no necesita que articules perfectamente tu dolor para poder tocarlo. A veces basta con presentarte ante Él tal como estás: limitada en palabras, pero abierta en el corazón.

Eso sí, aunque no todas las emociones necesitan ser compartidas con otros, *todas necesitan ser procesadas delante de Dios*. Porque lo que no se libera con verdad, se acumula en el cuerpo. Y liberar no siempre significa hablar fuerte. A veces, liberar es escribir una oración que no mostrarás a nadie. O abrir un Salmo y leerlo en voz alta llorando, como un acto de rendición. O escribir una carta a alguien que te marcó profundamente, no para enviarla, sino para sacarla de tu sistema. No estamos hablando de catarsis emocional sin propósito. Estamos hablando de expresión emocional guiada por el Espíritu. Porque hay palabras que no tienen lugar en una conversación pública, pero sí tienen un lugar sagrado delante de Dios. Como dijo el salmista: *Derramad delante de él vuestro corazón; Dios es nuestro refugio* (Salmos 62:8).

En este proceso, una herramienta poderosa es la Palabra. No solo como promesa que consuela, sino como verdad que confronta y reestructura tu interior. Se llama *biblioterapia espiritual*, y consiste en sustituir pensamientos represivos por afirmaciones bíblicas transformadoras. Por ejemplo, si has vivido creyendo que eres reemplazable, puedes declarar Isaías 43:1: *No temas, porque yo te redimí; te puse nombre, mío eres tú*. Si sientes que todo lo que haces pasa desapercibido, puedes leer Hebreos 6:10: *Dios no es injusto para olvidar vuestra obra*. Esto no es solo aliento. Es entrenamiento emocional. Tu mente se ha acostumbrado a callar, a tragarse lo que duele, a interpretarlo desde la culpa. Pero la Palabra puede enseñarte un nuevo idioma para el alma.

No estamos hablando de catarsis emocional sin propósito. Estamos hablando de expresión emocional guiada por el Espíritu.

Y si llegas a este punto sin saber por dónde empezar, no te preocupes. La sanidad no comienza con el lenguaje perfecto. A veces comienza con un llanto que por años contuviste. A veces con un simple "me duele" en oración. A veces con una pausa larga, sin palabras, donde solo puedes decir "aquí estoy". Eso también es oración. Eso también es acto de fe. Porque el Espíritu Santo intercede por nosotras "con gemidos indecibles" (Romanos 8:26). Y esos gemidos —que no se expresan en frases elaboradas— también tocan el cielo. ¿Sabes? Hay mujeres que han comenzado su proceso de sanidad no en una prédica, ni en una conversación, sino en una ducha. O en el auto. O en un rincón de la casa mientras doblaban ropa y el cuerpo, por fin, les pidió llorar.

No pospongas más esa conversación con Dios. No esperes a tener las palabras perfectas para abrir la puerta. No le temas al temblor que viene cuando por fin decides liberar lo que cargaste por años. Ese temblor puede ser el temblor del parto, no de la destrucción. El síntoma no es tu enemigo. Es tu señal. Y si hoy decides responder a esa señal con honestidad, aunque sea desde el silencio, habrás dado el paso más importante. Porque cuando el alma empieza a hablar, aunque sea con susurros, el cuerpo puede, por fin, descansar.

No necesitas entenderlo todo para empezar a liberar lo que pesa. Solo necesitas la disposición de escuchar tu interior sin miedo. Porque el cuerpo, que tantas veces trataste de controlar, quizás solo estaba tratando de cuidarte. Tal vez no eran fallas, eran llamados. Tal vez no eran achaques, eran mensajes. Este es el momento de hacer una pausa sagrada y comenzar una conversación con tu propio templo. No desde la urgencia del "arreglarme", sino desde la compasión de decir: *"Señor, ¿qué hay aquí que aún no he mirado contigo?"*.

Te invito a hacer algo sencillo, pero poderoso. Busca un lugar tranquilo. Toma una hoja en blanco y escribe la parte de tu cuerpo donde últimamente sientes más tensión, más dolor, más cansancio. Luego escribe: "¿Qué me quiere decir esta parte de mí que no he sabido escuchar?". Ora. Quédate en silencio. No fuerces la respuesta. Solo disponte a que el Espíritu Santo traduzca lo que tu alma aún no ha podido articular. A veces la oración comienza con una pregunta honesta, no con una declaración perfecta.

Y recuerda: este capítulo no fue un diagnóstico. Fue una llave. Una puerta abierta para que dejes de pelear contra tu cuerpo y comiences a escucharlo como lo que es: un templo sagrado, lleno de memoria, habitado por Dios, y capacitado para alertarte cuando algo en tu alma necesita ser sanado. Porque la sanidad no siempre es borrar el pasado; a veces es volver a mirarlo con fe, con Jesús al lado. La próxima parte de este libro no te pedirá que olvides, sino que te atrevas a mirar hacia atrás con una nueva luz. Una luz que redime. Que reinterpreta. Y que te recuerda que lo que no sanaste, no te define; pero sí merece ser transformado.

PARTE III

SANAR NO ES BORRAR: ES VOLVER A MIRAR CON FE

Hay dolores que preferimos esquivar, memorias que archivamos con cuidado, y capítulos de nuestra historia que cerramos a la fuerza, sin haberlos leído completos. Pero llega un punto en el camino de la sanidad donde ya no basta con avanzar. Hay que mirar atrás. No para revivir el trauma, sino para redimirlo. Porque lo que no se mira con fe, se sigue cargando con miedo. Esta parte del libro no te pide que lo olvides todo, sino que te atrevas a volver, pero con Jesús al lado.

Sanar no es borrar. No es pretender que no pasó, ni forzarte a decir que ya no duele. Sanar es permitir que la verdad haga su obra. Es mirar lo que te hirió sin que esa herida dicte quién eres. Es regresar a esa parte de tu historia donde te perdiste para reencontrarte con una voz que nunca te dejó: la de Dios llamándote por tu nombre, incluso en medio del quebranto. Aquí es donde muchas mujeres por fin dejan de correr, y comienzan a caminar con dignidad hacia su propia redención.

Nombrar. Perdonar. Soltar. No como conceptos teóricos, sino como actos sagrados que abren espacio a una vida nueva. Esta es la parte más confrontadora, pero también la más esperanzadora del viaje. No porque todo se resuelva de inmediato, sino porque empiezas a ver lo que viviste con otros ojos. Ojos de fe. Ojos de verdad. Ojos que, al mirar atrás, ya no ven solo el dolor, ven a Dios ahí contigo. Porque *sanar es volver a mirar lo que te hirió, y ver a Dios ahí contigo.*

7

NOMBRAR EL DOLOR: EL COMIENZO DE TODO PROCESO REAL

¿Cómo te llamas? Y él respondió: Legión.
—Marcos 5:9

En el Evangelio de Marcos, Jesús se encuentra con un hombre que vivía atormentado por dentro. Había gritos, heridas, cadenas rotas y una historia llena de abandono. Pero Jesús no lo sana de inmediato. Le hace una pregunta que parece sencilla, pero que es espiritualmente estratégica: *¿Cómo te llamas?* (Marcos 5:9). La respuesta no fue un nombre propio, fue una confesión: *Legión me llamo, porque somos muchos.* A veces el alma no sabe dar un nombre único, porque el dolor ha sido múltiple, confuso, denso; pero aun así, Jesús lo escuchó. Porque para ser sanado, primero hay que ser nombrado.

Hay momentos en que no sabemos cómo decir lo que sentimos, y otros en los que sí lo sabemos, pero nos da miedo pronunciarlo. Porque sabemos que si lo decimos, ya no podremos volver a fingir que no duele. Nombrar el dolor es un acto sagrado. No es solo hablar. Es reconocer que aquello que nos marcó no puede seguir escondido bajo frases vagas como "fue difícil", "no estuvo tan mal" o "ya pasó". Nombrar con verdad es lo que rompe el ciclo del silencio y activa el principio de toda sanidad real.

Este capítulo es un umbral. No hacia el olvido, sino hacia la claridad. No hacia la victimización, sino hacia la autoridad espiritual de quien se atreve a llamar las cosas por su nombre. Aquí no venimos a exagerar lo vivido, ni a usar el dolor como excusa. Venimos a mirarlo a los ojos y decir: "Esto pasó… pero ya no tendrá poder sobre mí". Porque cuando le pones nombre a lo que te hirió, también le das forma a tu libertad. Y es ahí, justo ahí, donde comienza el proceso real. Con una oración valiente, con una palabra susurrada entre lágrimas, con un suspiro que por fin se atreve a decir: "Esto me dolió… pero ya no me domina".

LA VERDAD COMO ACTIVADOR DE SANIDAD

No todas las heridas sangran por fuera. Algunas se esconden detrás de frases ensayadas, detrás de "estoy bien", que duelen más que lo que callan. Y aunque has avanzado, tal vez aún llevas dentro palabras que nunca dijiste, escenas que nunca contaste, recuerdos que preferiste dejar sin nombre para poder seguir funcionando. Pero llega un momento en el proceso de sanidad donde seguir silenciando lo que viviste ya no es opción, porque lo que no nombras, no puedes transformar.

Jesús, al encontrarse con el hombre endemoniado de Gadara, no comenzó con una expulsión. Comenzó con una pregunta: *¿Cómo te llamas?* (Marcos 5:9). Y aunque ese hombre había perdido toda referencia social, aunque vivía entre sepulcros, aunque estaba dominado por voces internas, la pregunta de Jesús lo posiciona en un umbral espiritual: el de nombrar. La respuesta: *Legión, porque somos muchos,* no fue un dato informativo. Fue un acto de exposición. Un reconocimiento de cuán fragmentado estaba. Y desde ese momento de verdad, comenzó su restauración.

No necesitas tener las palabras perfectas. Solo necesitas tener la valentía de decir: "Esto me dolió".

Así es contigo. No necesitas tener las palabras perfectas. Solo necesitas tener la valentía de decir: "Esto me dolió". Tal vez nunca antes habías dicho "fue abuso", "fue traición", "me marcó más de lo que admití". Tal vez aún lo escondes detrás de nombres prestados como "una etapa difícil", "una decepción", "algo que prefiero no recordar". Pero lo que suavizas para no incomodar, muchas veces sigue envenenando por dentro. No se trata de revolcar el pasado, sino de recuperar tu autoridad sobre él. Porque lo que no se dice, se sigue repitiendo en forma de reacciones, pensamientos y cadenas que no se ven. Y este libro se trata de romper esas cadenas y erradicar las repeticiones.

Nombrar el dolor no es un acto de debilidad, es un acto de fe. Es decir: "Ya no voy a proteger esto con silencio, lo voy a entregar a la luz de Dios". Y cuando la verdad se pronuncia, aunque sea entre lágrimas, aunque sea con voz temblorosa, el cielo responde. Porque la verdad no te condena; te libera. No te expone para humillarte; te expone para restaurarte. Es en ese instante cuando el alma, por fin, deja de esconderse y comienza a ser sanada.

NOMBRAR NO ES VICTIMIZARSE: ES RECUPERAR AUTORIDAD

Una de las mentiras más peligrosas que muchas mujeres han creído es esta: "Si lo digo, pareceré débil. Si lo cuento, me voy a quedar estancada. Si lo nombro, me estoy victimizando". Y por miedo a parecer frágiles o resentidas, siguen arrastrando memorias sin procesar, emociones sin validar y dolores que nadie ha tenido el valor —ni el lenguaje— de ayudarles a nombrar. Pero la verdad es esta: nombrar el dolor no es victimizarte, es comenzar a tomar tu poder de vuelta.

La mujer que nombra lo que vivió no está buscando lástima, está buscando libertad. Está diciendo: "Esto me pasó, pero no me define". Está rechazando el papel de víctima silenciosa, para asumir el rol de protagonista consciente de su sanidad. En la Biblia, cada vez que alguien se atrevió a decir la verdad sobre su condición, Jesús no lo rechazó, lo restauró. La mujer con flujo de sangre no fue sanada hasta que se identificó públicamente (Lucas 8:47). El ciego Bartimeo recibió la vista cuando se atrevió a gritar su necesidad (Marcos 10:46-52). El alma que dice la verdad con fe, siempre será escuchada.

Lo más doloroso es que millones de mujeres nunca han dicho lo que realmente vivieron: que fueron tocadas sin consentimiento, usadas, violentadas, ignoradas, abusadas emocional o sexualmente. No lo dicen porque creen que no vale la pena remover el pasado, porque sienten culpa o vergüenza, o porque crecieron creyendo que hablar de eso "es quedarse estancada". Las estadísticas reflejan ese silencio: se estima que solo entre el 21 % y el 33 % de las mujeres que han sido víctimas de agresión sexual en EE. UU. lo reportan formalmente.[8] A nivel mundial, 1 de cada 3 mujeres ha sufrido violencia física o sexual, y el 75 % de los casos no se denuncian ni se nombran públicamente.[9] En algunas regiones, hasta el 90 % de los casos de abuso sexual infantil nunca se reportan.[10]

Este silencio no solo perpetúa el dolor individual, también tiene consecuencias espirituales y sociales profundas. En el silencio de tantas, se han levantado fortalezas de resentimiento que, en vez de sanar, han empujado la narrativa femenina hacia la venganza y la desconfianza. Y, sin saberlo, ese silencio ha contribuido a que los patrones se repitan generación tras generación. Cuando una mujer calla lo que vivió, no solo pierde su voz, deja sin defensa a las que vienen detrás. Por eso, nombrar no es una queja, es una interrupción profética. Es decirle al ciclo: "Conmigo termina". Es usar la voz no para destruir, sino para redimir.

Nombrar lo que te dolió no es quedarte atrapada en el pasado. Es ponerle un punto final a una historia que ha seguido escribiéndose sola en tus reacciones, en tus decisiones, en tus miedos. Cuando dices: "Esto fue abuso", "esto fue abandono", "esto fue manipulación emocional", estás dejando de proteger la reputación del agresor para comenzar a proteger tu alma. No lo haces para castigar a nadie, sino para dejar de castigarte tú con el silencio.

---

8. Ballard Brief. *The underreporting and dismissal of sexual assault cases against women in the United States*. (2023). https://ballardbrief.byu.edu/issue-briefs/the-underreporting-and-dismissal-of-sexual-assault-cases-against-women-in-the-united-states.
9. Organización Mundial de la Salud. *Violence against women*. (2021). https://www.who.int/news-room/fact-sheets/detail/violence-against-women.
10. WiFi Talents. *Unreported sexual assault statistics*. (2023). https://wifitalents.com/unreported-sexual-assault-statistics/.

Lo que no puedes nombrar, muchas veces te gobierna. Es como una habitación cerrada dentro de ti: aunque no entres, sabes que está ahí. Y esa presencia sin nombre puede convertirse en un eco que sabotea todo lo que intentas construir. Pero cuando te atreves a abrir esa puerta con la presencia de Dios, algo cambia. No para quedarte ahí sino para decir: "Ya no te temo. Ya no te escondo. Ya no me perteneces". Porque nombrar el dolor, cuando se hace con la luz del Espíritu, no es una cadena, es una llave. Es el inicio del final de aquello que parecía tener poder sobre ti.

NOMBRAR PARA SOLTAR

Nombrar no solo abre los ojos, también abre las manos. Porque el alma no puede soltar lo que todavía no ha reconocido. Muchas mujeres oran para ser libres, pero no saben de qué. Piden paz, pero siguen abrazando memorias sin forma, emociones sin lenguaje, heridas sin nombre. Y como no saben qué están cargando, tampoco saben cómo entregarlo. Pero cuando por fin dices: "Esto fue lo que viví. Esto fue lo que me dolió. Esto fue lo que me rompió", ese acto espiritual, pequeño pero valiente, cambia el clima del alma. Porque lo que se nombra, se puede poner en el altar.

Soltar no es olvidar. No es fingir que ya no importa. Es declarar con autoridad espiritual: "Esto me marcó, pero ya no me ata". Y eso solo es posible cuando lo que estaba en sombra se lleva a la luz. Jesús no solo liberó al hombre de Gadara (Marcos 5:9), lo reinstaló en su lugar, en su ropa, en su juicio, en su entorno. Y eso comenzó con un nombre. Hay partes de ti que no están listas para ser restauradas… hasta que les pongas nombre. Solo entonces podrás decir: "Ya no lo escondo. Ya no lo justifico. Ya no lo repito".

Nombrar para soltar es diferente a repetir el pasado. No estás abriendo la herida para victimizarte. Estás abriéndola para limpiarla, para entregarla. Para que el Espíritu Santo pueda decirte con ternura: "Eso que llevas años cargando, Yo sí lo puedo sostener". La sanidad profunda no comienza en la rabia ni en la resignación. Comienza en la verdad dicha desde la presencia de Dios. Y cuando esa verdad se pronuncia, el alma encuentra algo que hace tiempo no experimentaba: ligereza.

Soltar no es olvidar.
No es fingir que ya no importa. Es declarar con autoridad espiritual: "Esto me marcó, pero ya no me ata".

Hay mujeres que han intentado soltar desde el cansancio, desde la rabia, desde la presión de otros. Pero soltar no es un acto de fuerza. Es un acto de confianza. Y la confianza crece donde hay verdad. Cuando nombras lo que dolió, cuando te atreves a escribirlo, a decirlo en oración, a ponerlo por fin frente a Dios, tu alma entiende: "Ya no estoy sola para cargar esto". Ya puedo descansar. Ya puedo entregarlo. Y ahí, justo ahí, comienza el milagro de la verdadera libertad.

Como suele pasar mientras escribo mis libros, te cuento que Dios de alguna forma me muestra el dolor que sienten muchas de ustedes, y he llorado mucho mientras escribía este capítulo. Porque nombrar no es fácil. A veces sentimos que al hablar de lo que pasó, algo dentro se vuelve a romper. Pero en realidad, lo que se rompe es el silencio que te estaba oprimiendo. Sé que este capítulo ha tocado memorias que quizás tenías guardadas desde hace años, protegidas por capas de ocupación, de espiritualidad correcta, o simplemente de costumbre. Pero hoy, al abrirlas, no estás sola. Estoy contigo. Estoy a tu lado en cada línea, y más importante aún, Dios está con nosotras aquí.

Este no es un capítulo para entender con la mente, es un capítulo para llorar con el alma. Y si en este momento sientes que algo dentro de ti se movió, que una herida se asomó con fuerza, que un recuerdo volvió sin permiso, no lo calles. No lo empujes otra vez al fondo. Quédate ahí un momento. Respira. Llora si lo necesitas. Esas lágrimas también son oración. También son señal de que algo se está soltando, de que ya no necesitas ser tan fuerte todo el tiempo, de que puedes ser frágil porque estás en un lugar seguro. La presencia de Dios no te pide que te levantes rápido, solo que te permitas sentir, y que sepas que Él también está llorando contigo.

Yo creo que hay una sanidad que solo se activa cuando alguien se atreve a decir: "Esto es lo que me pasó". Y si hoy tú lo hiciste (aunque sea en voz baja, aunque sea escribiéndolo en una libreta, aunque sea solo pensándolo con honestidad), ya diste el paso más valiente de todos. El dolor que se nombra se puede liberar. Y si te tiembla la voz al decirlo, no importa. Dios no necesita que lo digas fuerte, solo que lo digas con verdad. Él no vino a empujarte, vino a sostenerte. Y yo estoy aquí también, en espíritu, acompañándote en este momento. Te abrazo con mi fe, con mi historia y con la esperanza de que, desde este punto, todo comience a cambiar.

8

PERDONAR AUNQUE NO LO MEREZCAN

Mía es la venganza, yo pagaré, dice el Señor.
—Romanos 12:19

Este capítulo puede representar un antes y un después en tu proceso de sanidad. Porque cuando entiendes el perdón como un acto de obediencia espiritual —y no como una emoción que sientes o un favor que el otro merece—, algo dentro comienza a soltarse. Ya no se trata de minimizar lo que pasó, sino de decidir que eso ya no tendrá más poder sobre ti. Aquí vas a aprender que el perdón no siempre se siente bien al principio, pero sí libera en el alma lo que ninguna venganza podrá darte jamás: paz real. Ligereza profunda. Futuro desbloqueado. Aquí no vamos a simplificar el perdón. Vamos a dignificarlo. Porque perdonar no es validar al otro, es liberar tu alma.

Hay palabras que suenan dulces cuando se predican, pero que se vuelven duras cuando tocan una herida real. Una de esas palabras es "perdona". ¿Cuántas veces la hemos escuchado como mandato, como consejo, o incluso como requisito espiritual; pero no como proceso compasivo? El problema no es el perdón en sí, sino cómo se ha enseñado. Para quien nunca ha pasado por una traición profunda o una herida no reconocida, el perdón puede parecer una virtud sencilla. Y para ser sincera, no conozco a muchas personas que jamás hayan pasado por una traición profunda.

Pero para la mujer que fue traicionada por quien más confiaba, manipulada por alguien que decía amarla, ignorada cuando más necesitaba ser cuidada, o herida sin reparación, el perdón no es una palabra bonita. Es una batalla. Y no solo una batalla con el recuerdo, sino con todo lo que ese recuerdo sigue generando en el presente. Porque el dolor profundo no se queda en la memoria como un archivo cerrado: se convierte en una reacción automática, en una emoción latente, en una sospecha constante.

Quien ha sido herida profundamente no lucha solo contra lo que pasó, sino contra lo que *eso* sigue provocando cada vez que confía, ama, sirve o se expone. Ya te expliqué anteriormente cómo la amígdala cerebral (encargada de procesar el miedo y el peligro) no distingue entre lo que fue y lo que aún amenaza. Por eso el cuerpo se tensa, la mente se bloquea y el alma se pone en guardia cuando algo se parece al trauma original. *Perdonar, entonces, no es solo soltar el pasado. Es pelear con todo lo que ese pasado activa dentro de ti: desconfianza, vergüenza, necesidad de controlar, culpa, miedo, rabia*. Por eso cuesta tanto. Porque el perdón no se da en un recuerdo, se da en un sistema entero que fue entrenado para sobrevivir.

Por eso, antes de invitarte a soltar, quiero ayudarte a ordenar. Porque muchas mujeres han intentado perdonar desde lugares equivocados: desde la presión de un líder, desde la obligación religiosa, o desde el deseo desesperado de sentirse "bien con Dios", aunque por dentro aún estén rotas.

QUÉ ES Y QUÉ NO ES PERDONAR

Perdonar no es suprimir. No es fingir que nada pasó. Tampoco es hacer como si el otro "no sabía lo que hacía" cuando, en muchos casos, sí sabía. Perdonar no es darle una segunda oportunidad a quien nunca se arrepintió. No es decirle "te bendigo" a quien nunca pidió perdón. Perdonar no es justificar lo que viviste, ni minimizar lo que sufriste. Perdonar es dejar de cargar lo que ya no te corresponde cargar.

Eso significa que no todas las frases que te enseñaron sobre el perdón eran ciertas. "Perdonar es olvidar". *Falso.* Dios nunca nos pide que borremos la memoria, porque muchas veces la memoria es lo que protege a nuestra alma. "Si de verdad perdonaste, no te duele". *Falso.* El perdón no anestesia, sana. Y sanar implica reconocer que algo dolió. "Perdonar es volver a confiar". *Falso.* El perdón es un regalo espiritual. La confianza es un proceso relacional. Una se da por gracia; la otra se gana con frutos. Mezclar ambas cosas es lo que ha llevado a muchas mujeres a regresar a vínculos tóxicos, pensando que era lo "cristiano" o lo "correcto". Pero *lo correcto delante de Dios es perdonar… sin dejar de discernir.*

Aquí es donde entra la Palabra con una precisión que corta, pero también libera: *No os venguéis vosotros mismos, […]. Mía es la venganza, yo pagaré, dice el Señor* (Romanos 12:19). Esta no es una frase para callarte cuando estás herida. Es una declaración espiritual que te reubica: no te toca a ti hacer justicia. Te toca a ti soltar. No porque el otro lo merezca, sino porque tú no puedes seguir viviendo con esa cuerda que te está quemando las manos. Cuando perdonas, no estás diciendo: "Esto no dolió". Estás diciendo: "Esto sí dolió, pero no lo quiero cargar más". Estás entregando al justo juez el derecho que tu alma seguía reclamando: que el otro pague. Pero lo haces con fe, con humildad y con la convicción de que Dios jamás ignora una herida entregada con verdad.

Perdonar no es justificar lo que viviste, ni minimizar lo que sufriste. Perdonar es dejar de cargar lo que ya no te corresponde cargar.

Cuando alguien nos hiere, lo primero que grita el alma no es "quiero perdonar", sino "quiero que pague". Y eso no te hace mala persona: te hace humana. Porque el deseo de justicia está inscrito en lo más profundo de nuestra conciencia. Fuimos creadas a imagen de un Dios justo, y por eso algo dentro de nosotras se revela ante el abuso, la traición o el abandono. Pero cuando esa necesidad de justicia no encuentra consuelo en Dios, se transforma en venganza. Es un reflejo natural: si el daño fue real, entonces la paga también debería serlo.

Queremos que el otro sufra, no necesariamente por crueldad, sino porque creemos —en silencio— que esa sería la única y verdadera justicia. Es como si el alma dijera: "Si no hay reparación externa, entonces no hay reparación". Pero lo que empieza como deseo de justicia, pronto se convierte en una cárcel emocional.

Aquí no vamos a usar el perdón como consigna vacía ni como atajo emocional. Aquí no venimos a decirte "ya supéralo", "hazlo por ti", o "no lo pienses más". Aquí vamos a caminar contigo paso a paso, ayudándote a entender qué es realmente perdonar, qué no es, y cómo hacerlo sin traicionarte a ti misma. Porque el perdón verdadero no borra el pasado, pero sí te libera del poder que ese pasado tiene sobre tu presente. *No perdonas porque el otro lo merezca. Perdonas porque tú sí mereces ser libre. Y ese es un acto de fe que el cielo celebra cada vez que lo eliges.*

En esencia, perdonar no es borrar el dolor, ni pretender que no pasó. Tampoco es reconciliarte con quien sigue dañando, ni callar para quedar bien. Perdonar es una decisión espiritual que rompe cadenas internas, no una emoción obligada que niega lo vivido. No se trata de olvidar, sino de entregar. No se trata de justificar al otro, sino de que tú te liberes. No se trata de hacer justicia con tus manos, sino de confiar en las de Dios. Cuando eliges perdonar, no estás diciendo que lo que pasó estuvo bien. Estás diciendo: "No me voy a quedar atrapada ahí". Estás escogiendo caminar hacia adelante, sin cargar lo que ya le entregaste a Aquel que todo lo ve y todo lo juzga con verdad. Porque el perdón, cuando nace del cielo, no te debilita, *te restaura.*

Perdonar no es borrar el dolor, ni pretender que no pasó. Tampoco es reconciliarte con quien sigue dañando, ni callar para quedar bien. Perdonar es una decisión espiritual que rompe cadenas internas.

PERDONAR A LOS VIVOS Y A LOS AUSENTES

No todas las heridas vienen de personas que aún están presentes en tu vida. Algunas duelen porque siguen cerca. Otras, porque ya no están... y jamás pidieron perdón. Hay quienes siguen caminando a tu lado como si nada hubiera pasado, y hay quienes desaparecieron dejando atrás una marca que aún arde. Lo que tienen en común es esto: el alma no olvida la ofensa, aunque el calendario siga pasando. Y una de las preguntas más difíciles que muchas mujeres se hacen en su proceso de sanidad es esta: ¿Cómo perdono a alguien que nunca se arrepintió? ¿Cómo suelto lo que pasó si esa persona ya no está? La respuesta no es sencilla, pero sí es liberadora: *perdonar no depende de la presencia del otro, sino de la disposición del corazón.*

Jesús nos dejó el ejemplo más poderoso de esta verdad. En la cruz, cuando su cuerpo estaba desgarrado por clavos, su alma no clamó por justicia inmediata, sino por misericordia. Dijo: *Padre, perdónalos, porque no saben lo que hacen* (Lucas 23:34). Lo dijo mientras lo herían, no después. Siempre que reflexiono en esto, no deja de sorprenderme. Una cosa es perdonar una vez ha pasado el evento, pero durante el mismo proceso. Eso es otro nivel de perdón. Jesús lo dijo sin que nadie lo pidiera. Lo dijo sabiendo que muchos de ellos nunca se arrepentirían. Ese es el tipo de perdón que sana el alma: *el que no espera una disculpa para comenzar a sanar.* Porque si esperas a que el otro entienda el daño que hizo, puede que tu sanidad quede secuestrada por una persona que quizás nunca va a cambiar, o que ya no está para escucharte.

Quizás tu herida viene de alguien que murió. Un padre que nunca te cuidó, una madre que fue dura, un líder que te lastimó y después se fue. Puede que ya no haya posibilidad de diálogo. Y aun así, la herida quedó viva. O quizás esa persona sigue viva, pero inaccesible emocionalmente. Sigue siendo indiferente, manipuladora o distante. El silencio del otro no anula el eco que quedó dentro de ti. Por eso, en estos casos, el perdón requiere una expresión diferente: no necesitas hablar con el agresor, pero sí necesitas hablar con Dios. Hay oraciones que se hacen con cartas no enviadas. Hay perdones que se declaran frente al altar, aunque el otro nunca se entere. Y *eso también cuenta en el cielo*. Dios ve lo que tú sueltas en secreto, y lo honra como un acto de redención profunda.

He acompañado mujeres que han vivido décadas cargando odio contra un padre que las abandonó cuando eran niñas. Algunas esperaron toda la vida una explicación que nunca llegó. Otras desarrollaron fortalezas para no depender de nadie, pero por dentro seguían esperando que ese padre algún día reconociera el vacío que dejó. Lo más fuerte es que, aunque lograron "superar" la ausencia, muchas siguieron atadas emocionalmente a ese abandono. Solo cuando se atrevieron a soltar el derecho a la reparación —cuando decidieron perdonar aunque él nunca volviera— algo en su interior se liberó. *No porque él cambiara, sino porque ellas ya no querían vivir retenidas por una deuda que no podían cobrar.*

Perdonar a alguien que no está, o que nunca lo pidió, es una forma de adoración. Es decirle a Dios: "No necesito que el otro pague, porque yo ya no voy a cargar más esta deuda". Es un acto silencioso, pero sagrado, que rompe la expectativa de justicia humana para abrazar una justicia mayor. No estás renunciando a tu valor. Estás afirmando que vales tanto, que no vas a esperar una validación que quizá nunca llegue. Porque el alma que perdona al ausente, se regresa a sí misma. Y cuando haces eso, el cielo lo celebra como uno de los actos más valientes del corazón.

EL PERDÓN PROGRESIVO: CUANDO PERDONAR UNA VEZ NO BASTA

Hace un tiempo escuché el testimonio de un pastor que había sido infiel a su esposa. Después de una temporada muy dolorosa, lograron restaurar su matrimonio. Pero lo que más me conmovió no fue el final feliz, sino una frase que él compartió en una entrevista: *"Yo sé que habrá días en los que ella sentirá otra vez el peso de lo que vivió. No porque me lo eche en cara, sino porque el alma tiene memoria. Y cuando eso pase, yo no me voy a defender. Estaré dispuesto a pedirle perdón otra vez, y todas las veces que lo necesite"*. Esa frase me atravesó. No hablaba solo de un matrimonio reconciliado, hablaba de un corazón quebrantado, consciente de que el perdón no borra el dolor de inmediato; y que la reconciliación verdadera no exige olvido, sino humildad constante.

Bendito sea Dios por esa restauración. Qué esperanza tan hermosa saber que esa mujer fue honrada con una gracia humilde, constante, visible. Y sí, yo creo firmemente que toda mujer merece un arrepentimiento así: genuino, sostenido, dispuesto a seguir pidiendo perdón cuantas veces el alma lo necesite. Pero también sé que esa no es la historia de todas. No todas tienen a alguien que les repita: *"Lo siento"*. No todas reciben reparación emocional. No todas escuchan el reconocimiento que les habría ayudado a sanar más rápido. Y sin embargo, el llamado de Dios al perdón sigue ahí. Porque aunque el otro no vuelva a pedir perdón, *tú sí puedes volver a perdonar*. No por obligación, sino por libertad. No por debilidad, sino por redención.

Hay heridas tan profundas, tan repetidas o tan prolongadas que no basta con decir "perdono" una vez y esperar que el alma responda con calma total. Muchas mujeres se frustran porque perdonaron "como Dios manda"; pero luego el recuerdo volvió, el dolor reapareció, la rabia se asomó, y entonces pensaron: "*¿Será que no lo hice bien?*". No, no es que lo hiciste mal. Es que el alma sana por capas. Y el perdón, cuando es profundo, no siempre ocurre en un evento, sino en un proceso. Un proceso progresivo, espiritual y, a veces, silencioso.

Jesús lo sabía. Por eso, cuando Pedro le preguntó cuántas veces debía perdonar, no le dio un número exacto, sino un principio eterno: *No te digo hasta siete, sino aun hasta setenta veces siete* (Mateo 18:22). No porque el ofensor merezca tantas oportunidades, sino porque el alma necesita repetir la decisión hasta que se le convierta en paz. Perdonar una sola vez puede comenzar el proceso; pero repetir el perdón es lo que lo solidifica. Cada vez que vuelves a perdonar, no estás negando lo que viviste, estás afirmando que tu presente ya no está gobernado por el pasado.

Algunas heridas son como espinas enterradas: no se sacan de golpe. Se extraen poco a poco, con paciencia, con ternura, a veces con lágrimas. Hay momentos en los que crees haber soltado por completo, y luego algo vuelve a doler. No te frustres por eso. El perdón progresivo no es señal de debilidad, es evidencia de que estás caminando hacia una sanidad genuina, no hacia una apariencia emocional. Dios no busca que te veas bien... quiere que estés libre de verdad. Y esa libertad, en muchos casos, se construye en etapas.

Esto es especialmente cierto cuando la ofensa activó memorias pasadas o fue ejercida por alguien muy cercano. El cuerpo puede haber perdonado, pero el sistema nervioso aún está en guardia. Lo mencionamos antes: la amígdala cerebral no sabe que ya perdonaste. Ella solo reconoce que esa persona —o alguien parecido— representa peligro, y por eso enciende alarmas emocionales. Eso no significa que tu perdón no fue real. Significa que tu sistema está siendo reentrenado para habitar una nueva narrativa. *Y cada vez que eliges volver a perdonar, estás fortaleciendo esa nueva historia.*

El perdón progresivo no es señal de debilidad, es evidencia de que estás caminando hacia una sanidad genuina, no hacia una apariencia emocional.

Por eso, si después de haber perdonado vuelves a sentir enojo, no te culpes. No pienses que fue en vano. Observa. Escucha. Y vuelve a declarar: "Señor, aunque este recuerdo vuelva, yo vuelvo a perdonar". Cada repetición no es hipocresía. Es entrenamiento. Es transformación. Es una forma de decirle a tu alma: *Ya no vivimos atadas a ese evento. Estamos caminando hacia otro lugar.*

Y sí, llegará el día en que ese recuerdo ya no duela igual. Llegará el día en que puedas ver esa cara, o escuchar ese nombre, y no sentir el nudo en el pecho. Ese día será fruto de muchas pequeñas decisiones invisibles que hiciste antes. Y Dios lo sabe. Porque en el cielo no se cuentan solo los grandes momentos de liberación, también se celebran los pasos ocultos de obediencia: cada pensamiento que soltaste, cada oración que repetiste, cada vez que decidiste que tu herida no iba a gobernar tu destino. Ese es el milagro del perdón progresivo: que aunque no pasa de una sola vez; sí transforma toda tu historia.

CUANDO EL PERDÓN NO IMPLICA RECONCILIACIÓN

Uno de los errores más dolorosos que se ha enseñado sobre el perdón es hacerle creer a las personas que perdonar equivale a reconciliarse. Que si de verdad perdonaste, entonces deberías volver a confiar, a convivir, a restaurar la relación como si nada hubiera pasado. Pero eso no es lo que enseña la Biblia. *El perdón es un acto espiritual que nace en el corazón; la reconciliación es un proceso que solo ocurre cuando ambas partes caminan en verdad.* Perdonar es un mandato de Dios. Reconciliarse es una posibilidad, no una obligación.

Hay relaciones donde el otro no ha cambiado. Donde el patrón de manipulación, violencia o abandono persiste. En esos casos, reconciliarse puede ser peligroso. Puede ser una forma de exponerse nuevamente al mismo dolor. Y lo que muchas mujeres necesitan saber, con claridad y sin ambigüedad espiritual, es que puedes perdonar a alguien sin volver a abrirle la puerta. Puedes perdonar sin quedarte. Puedes amar desde lejos. Puedes bendecir sin exponerte. Porque el perdón no se trata de restaurar la relación con el otro... se trata de restaurar la relación contigo misma y con Dios.

La reconciliación exige arrepentimiento, fruto, madurez. Si el otro no ha reconocido el daño, no ha pedido perdón sinceramente, no ha mostrado cambio real, entonces *forzar la reconciliación puede convertirse en una forma de autoabandono.* Y Dios no quiere que te abandones a ti misma por sostener la apariencia de paz. Jesús dijo que perdonáramos a nuestros enemigos, pero nunca nos pidió que durmiéramos con ellos. Perdonar, entonces, es soltar la carga emocional, espiritual y mental; pero también puede ser poner una distancia santa. Una línea de amor que diga: "Ya no te odio, pero tampoco te doy el mismo lugar".

Hay mujeres que siguen en relaciones abusivas porque creen que perdonar significa quedarse. Que si perdonan, tienen que callar. Que si sueltan el rencor, deben renunciar también a sus límites. Pero no es así. El perdón no borra tu dignidad. Al contrario: *el perdón bien entendido la fortalece.* Cuando perdonas y te alejas, estás diciendo: "No te juzgo, pero tampoco me someto al mismo ciclo". Estás diciendo: "No deseo tu mal, pero tampoco le entrego mi paz a tu desorden". Y eso, eso también es obediencia.

Porque el perdón que Dios quiere de ti no es el que te deja expuesta, vacía o anulada. Es el que te devuelve al diseño original: libre, digna, cubierta, en paz. Y si para preservar esa paz necesitas poner distancia, entonces que esa distancia sea tu altar. Porque, en ocasiones, el acto más santo no es volver, es saber soltar con amor y caminar en dirección contraria con el corazón limpio.

Y si hoy este mensaje hizo clic en tu corazón, quiero dejarte una responsabilidad sagrada: *llevar esta verdad a otras mujeres.* Porque durante demasiado tiempo se han difundido ideas erróneas sobre lo que una mujer "debe aguantar", "debe soportar" o "debe callar en nombre del perdón". Muchas han sido atadas emocional y espiritualmente por enseñanzas distorsionadas que las empujaron a permanecer en relaciones dañinas, creyendo que eso era lo piadoso. Pero cuando tú entiendes el verdadero perdón, tienes una llave que puede liberar no solo tu alma, sino también la de otras. *Este es el tiempo de contrarrestar esas mentiras con la verdad de Dios.* Y cada vez que compartes esta verdad, siembras libertad en otra mujer que aún no sabe que también puede soltar, sanar, y seguir su camino con dignidad.

LIBÉRATE DEL ROL DE VÍCTIMA

Perdonar es soltar lo que tú llegaste a creer de ti misma por causa de esa herida. Hay dolores que no solo dejaron una marca emocional, sino una narrativa interna. Una historia repetida en silencio que dice: *"Esto me pasó porque no valgo lo suficiente". "Siempre me pasa lo mismo". "Debí haber hecho algo distinto"*. Así, sin darte cuenta, te quedas atrapada en un personaje que no pediste pero que tu alma terminó habitando: el rol de víctima. Y ese rol, aunque es válido por un tiempo, no fue diseñado para ser tu hogar. Fue un lugar de paso, no tu dirección permanente.

Ser víctima no es un pecado. No es señal de debilidad espiritual, ni falta de fe, ni consecuencia de haber hecho algo mal. Hay mujeres que fueron abusadas cuando aún no sabían ni pronunciar la palabra "límite". Otras fueron violadas, manipuladas, expuestas, sin tener culpa alguna. Y sin embargo, muchas cargan con vergüenza como si fueran responsables de lo que les hicieron. Pero escucha esto con el corazón abierto: tú no provocaste el pecado del otro. *Dios no te ve sucia, no te ve culpable, no te ve rota*. Él te llama por tu nombre y te mira con la misma ternura con la que miró a la mujer que llevaba años sangrando en secreto (*Marcos 5:25-34*), a la que fue expuesta y arrastrada públicamente por los religiosos para ser apedreada (*Juan 8:1-11*), y a la que lloró en silencio a sus pies, lavándole con lágrimas los pies y secándolos con su cabello (*Lucas 7:36-50*). Jesús nunca culpó a una mujer por lo que otro le hizo. Al contrario, *Él restauró su dignidad antes de hablarles de su futuro*. Si fuiste víctima, no cargues con la vergüenza del agresor. Esa culpa no es tuya. Y si alguien te hizo creer que lo era, hoy te libero con la verdad: el cielo no te acusa. El cielo te sana.

Ser víctima es una realidad que muchas han vivido. Pero vivir atada a esa identidad cuando Dios ya te ofreció libertad sí puede convertirse en una prisión del alma. El problema no es haber sido herida, es quedarte para siempre definida por lo que te hicieron. Porque el dolor sin procesar tiende a convertirse en autoimagen, y cuando eso ocurre, cada decisión que tomas empieza a girar en torno a ese trauma. Tus relaciones, tus expectativas, tu forma de hablarte a ti misma. Todo se filtra por el lente del dolor. Y Dios quiere devolverte el lente de la verdad.

Hablemos por un momento de esa mujer que te acabo de mencionar de Juan 8. Jesús se encuentra con una mujer que había sido sorprendida en adulterio. Los religiosos querían apedrearla. Jesús, en cambio, la dignificó. Pero también le dijo: "Vete, y no peques más". Esa frase corta, pero cargada de amor, encierra una revelación poderosa: Jesús no la dejó en el suelo. Tampoco la definió por su pasado. Le habló al futuro. La perdonó y la reposicionó. Porque el perdón de Dios no solo limpia, también reintegra. Te saca del polvo y te recuerda quién eres en Él. Y esa es la esencia de liberarte del rol de víctima. ¡Deja de ser definida por lo que otros hicieron y comienza a caminar desde lo que Dios ya ha hecho en ti!

Una mujer libre no es la que nunca fue herida. Es la que elige qué historia va a seguir contando con su vida. Puedes seguir contando la historia de lo que te pasó, o puedes comenzar a contar la historia de cómo Dios te levantó. *La diferencia no está en lo que viviste, sino en la posición desde la que decides vivir ahora.* Y para eso, necesitas cambiar el guion interno. Empezar a decir: "Yo no soy esa niña abandonada. Yo no soy esa joven violada. Yo no soy esa esposa traicionada. Yo no soy esa mujer usada. Yo soy hija, soy restaurada, soy libre". El infierno tiembla cuando una mujer deja de repetir la narrativa del dolor y comienza a proclamar la narrativa de redención.

¡Deja de ser definida por lo que otros hicieron y comienza a caminar desde lo que Dios ya ha hecho en ti!

Perdonar, entonces, es también decirle a tu alma *ya no necesito que me tengan lástima.* Ya no necesito validarme por medio de mi dolor. Ya no tengo que usar mis cicatrices como escudos, ni mis traumas como excusa. Hoy elijo vivir como alguien que fue herida; pero no se quedó herida. Como alguien que fue lastimada; pero no perdió su valor. Como alguien que fue ignorada; pero hoy es mirada por el cielo. Porque el perdón me ha devuelto la capacidad de caminar erguida, sin cadenas. Y el rol que ahora elijo no es el de víctima, sino el de mujer redimida.

EL PERDÓN HACIA TI MISMA: SOLTAR TU PROPIO JUICIO

Hay un tipo de perdón del que casi no se habla y, sin embargo, es el que muchas mujeres necesitan más: el perdón hacia sí mismas. Porque no siempre es el otro quien mantiene la herida abierta. A veces somos nosotras las que, con pensamientos implacables y memorias sin redención, seguimos castigándonos por decisiones del pasado. *No es que Dios no te haya perdonado; es que tú no te has perdonado a ti misma.* Y mientras no lo hagas, el juicio interior seguirá interrumpiendo tu libertad.

El enemigo es astuto. Cuando ya no puede atarte al dolor que otros te causaron, intentará atarte al dolor que tú misma te generaste. Te recordará lo que toleraste, lo que no dijiste, lo que volviste a permitir, lo que ignoraste por miedo o por amor. Y en ese susurro de culpa aparece una acusación que puede sonar espiritual, pero no viene del cielo: *"Si de verdad hubieras sido fuerte, esto no habría pasado"*. Pero eso no es lo que Dios dice. Dios no te define por el momento en que caíste, sino por el momento en que volviste a Él.

Perdonarte a ti misma no es justificar tus errores. Es dejar de vivir desde ellos. Es decir: *"Sí, lo hice. Me equivoqué. Fui débil. Me faltó discernimiento. Me dejé engañar. Me dejé llevar por el miedo o la necesidad. Pero hoy elijo recibir la gracia que ya se me fue dada".* Y 1 Juan 3:20 nos recuerda: *Si nuestro corazón nos reprende, mayor que nuestro corazón es Dios, y él sabe todas las cosas.* Eso significa que, incluso cuando tú no te sabes perdonar, *Dios ya te miró con compasión y te absolvió.* El juicio que tú mantienes vivo ya fue sentenciado en la cruz.

Perdonarte a ti misma *no significa vivir sin arrepentimiento,* ni convertirte en alguien insensible que dice: "Yo soy así, y punto". No es arrogancia. No es orgullo. No es una licencia para justificar lo que Dios ya redimió. Es, más bien, una forma de humildad profunda: reconocer que fallaste, y aun así aceptar que no tienes que vivir en deuda eterna con tu pasado. *Perdonarte no te convierte en una de esas personas que nunca asumen responsabilidad. Te convierte en una mujer que ya lo hizo y que ahora elige caminar en la libertad del Evangelio.* Porque la gracia no borra la memoria, pero sí rompe la condena. Y cuando vives desde ese lugar, puedes mirar atrás sin quedarte atrapada y mirar al cielo sin bajar la cabeza.

Muchas veces, el mayor acto de fe no es perdonar a otros... sino aceptar que tú también puedes ser perdonada. Aceptar que no tienes que castigarte para demostrar que lo lamentas. Que no tienes que arrastrar esa culpa para probar que aprendiste. La gracia no es un permiso para repetir errores, pero sí es un poder divino para no vivir desde la vergüenza. Y cuando te perdonas, no estás siendo blanda contigo misma, estás honrando la sangre que ya fue derramada por ti. ¿Qué más quieres pagar tú que Cristo no haya pagado ya?

Hoy quiero invitarte a soltar esa voz interna que te señala. Esa parte de ti que repite lo que otros dijeron: "Te lo buscaste. Te lo merecías. Tú lo provocaste". Nada de eso viene del Espíritu Santo. El lenguaje del Espíritu es redención, no acusación. Él dice: "Sí, fallaste; pero no terminaste ahí. Sí, caíste; pero te volví a levantar". Cuando eliges perdonarte, estás diciéndole a tu alma: "*Ya no me juzgo con los ojos del pasado. Me abrazo con la mirada del cielo*". Y esa mirada no condena. Esa mirada sana.

Cuando te perdonas, no estás siendo blanda contigo misma, estás honrando la sangre que ya fue derramada por ti.

Perdonar, aunque el ofensor no lo merezca, no es una consigna que se exige desde afuera, es una conquista que ocurre por dentro. A veces con lágrimas. A veces con silencio. A veces en medio de una oración apenas susurrada. Pero cada vez que eliges soltar, estás dando pasos hacia tu libertad. No hacia una libertad superficial, sino hacia una que el infierno no puede revertir: la libertad de una mujer que decidió no vivir atada a la deuda emocional de nadie.

Porque tú no fuiste creada para cargar culpas ajenas. No fuiste llamada a sostener el dolor hasta que el otro cambie. Fuiste redimida por un Dios que te da permiso —y poder— para soltar incluso cuando no recibiste lo que esperabas. Así que si aún hay lágrimas, que sean lágrimas de liberación. Si aún hay memoria, que sea memoria redimida. Y si aún queda un proceso, que sea uno lleno de gracia. Porque el cielo no te exige perfección en el perdón. Solo te pide rendición. Y en esa rendición hay descanso.

Hoy quiero que lo digas para ti misma, con voz firme, con el alma entera:

> "Yo perdono. Aunque no lo merezcan. Aunque no me lo pidan. Aunque no lo entiendan. Porque ya no quiero vivir retenida por lo que me hicieron. Hoy elijo perdonar... porque ya fui perdonada".

9

SOLTAR SIN RECONCILIAR: DEJAR IR PARA AVANZAR

Y hubo tal desacuerdo entre ellos,
que se separaron el uno del otro.
—Hechos 15:39

Este capítulo no es para hablar del perdón otra vez. Ya lo hicimos. Este capítulo es para quienes *ya perdonaron, pero no fueron escuchadas*. Para quienes extendieron la mano, oraron por reconciliación, escribieron cartas que no recibieron respuesta, soñaron con reencuentros sanos que nunca llegaron. Es para las que, sin aplausos ni entendimiento, eligieron seguir adelante cuando lo más fácil habría sido quedarse esperando.

Soltar sin reconciliar no es la versión incompleta del perdón. Es otra forma de libertad. Una que no necesita testigos para ser legítima. Una que ocurre entre tú y Dios, sin garantías de que el otro lo entienda, lo reconozca o lo valore. Es dejar una carta sobre la mesa sabiendo que quizás nadie la leerá, pero que igual tenía que ser escrita.

Aquí no vas a encontrar fórmulas para volver. Vas a encontrar permiso divino para *no regresar*. Vas a descubrir que algunas separaciones no son fracasos relacionales, sino *redireccionamientos espirituales*. Que hay vínculos que se honran mejor desde la distancia. Y que Dios no solo restaura lo que se reconcilia, también bendice lo que se suelta con el corazón limpio.

Hay separaciones que no cicatrizan con abrazos, sino con claridad. Y si hoy estás en ese lugar incierto, donde ya soltaste pero aún te preguntas si fue lo correcto, este capítulo es para ti. No para culparte. No para empujarte a hablar. Sino para acompañarte a validar la paz que elegiste, aunque no haya habido escena final.

Y, sobre todo, para recordarte esto: *la paz interior no necesita aprobación externa.*

LA DECISIÓN QUE NADIE CELEBRA: SOLTAR SIN ESCENA FINAL

Pablo y Bernabé fueron hombres ungidos. Llenos del Espíritu Santo. Llamados a predicar el Evangelio en territorios donde nadie más se atrevía. Juntos vieron milagros, fundaron iglesias, sufrieron persecución y fueron escogidos como una de las primeras duplas apostólicas de la historia. Sin embargo, aun con toda esa trayectoria, hubo un momento en que no lograron ponerse de acuerdo. La causa fue aparentemente sencilla: decidir si Juan Marcos, un joven que los había abandonado en una misión anterior, merecía otra oportunidad. Pablo pensó que no. Bernabé que sí. El desacuerdo fue tan profundo que no pudieron seguir trabajando juntos (Hechos 15:36-40).

No hubo escándalo. No hubo descalificación mutua; pero tampoco hubo reconciliación. Simplemente cada uno siguió su camino. Pablo tomó a Silas. Bernabé tomó a Marcos. Y el Espíritu Santo, lejos de reprenderlos por haberse separado, *los respaldó a ambos en sus nuevas rutas misioneras*. Eso nos revela una verdad poderosa: algunas separaciones no son señal de fracaso sino de redirección divina.

Soltar sin reconciliación es una de las decisiones más incomprendidas, incluso dentro del mundo espiritual. Porque la narrativa que muchas han escuchado es esta: "Si amas, insistes. Si perdonaste, vuelves. Si tienes fe, esperas". Pero hay momentos en los que amar significa dejar ir, perdonar significa no volver, y tener fe significa seguir caminando sin respuestas claras. Y esa clase de obediencia no se aplaude, pero el cielo la honra.

Algunas separaciones no son señal de fracaso sino de redirección divina.

Hay despedidas que no tienen ceremonia. No hay discurso. No hay abrazo. No hay "gracias por todo", "gracias por nada", ni "perdóname si te fallé". Hay despedidas que no vienen con palabras grandes, ni con cierre mutuo, ni con aplausos o redención visible. Solo vienen con un silencio que pesa y una certeza que arde: la certeza de que no puedes quedarte más. Son despedidas que se dan de pie, sin drama; con los ojos limpios, pero el alma temblando. No hay testigos. No hay escena. Solo tú y Dios.

Y aunque nadie más lo vea, aunque no haya registro en redes sociales ni palabras que sellen la ruptura, tú sabes que esa decisión se tomó en un altar interno. Una conversación que no ocurrió con la otra persona, pero sí ocurrió con el cielo. Y ahí, en ese espacio sagrado entre tu discernimiento y tu obediencia, se firmó el acto más invisible y más valiente de todos: soltar sin destruir. Dejar ir sin acusar. Caminar sin arrastrar el alma. Esas despedidas, aunque el mundo no las note, el cielo sí las reconoce. Porque Dios honra lo que decidiste en lo secreto, cuando tu corazón ya no podía sostener más peso, y aun así, lo soltaste en paz.

Ese relato bíblico de Pablo y Bernabé nos confronta con una verdad poco predicada, pero absolutamente necesaria: no todas las separaciones son derrotas. Algunas son respuestas del cielo ante una etapa que ya cumplió su propósito. No se trata de ver al otro como enemigo, ni de negar el afecto que alguna vez existió. Se trata de reconocer, con humildad y discernimiento, que hay vínculos que no están llamados a acompañarte en cada temporada de tu vida. Porque sí, el amor puede haber sido real; pero el ciclo también puede haber terminado. Y cuando eso sucede, no es tu corazón el que falla, es tu alma la que despierta.

A veces, lo más espiritual que puedes hacer es no forzar lo que ya no está destinado a continuar. No por rencor. No por orgullo. Sino porque tu alma entendió que persistir en ciertos vínculos, solo por no quedar como "la que se rindió", es una forma de deslealtad hacia lo que Dios está haciendo dentro de ti. Aunque la cultura te grite que la fe lo intenta todo, y aunque tu corazón siga esperando un cierre digno, llega un punto en el que la obediencia no es insistir, sino retirarte en paz.

Dios no mide la madurez espiritual por cuántas veces regresas a lugares que ya no te sostienen. La mide por tu disposición a soltar sin resentimiento, incluso cuando la otra persona nunca validó tu dolor. A veces, la despedida más santa no es la que ocurre con lágrimas compartidas y palabras bonitas. Es la que ocurre a solas, cuando en oración reconoces: "Ya no voy a seguir esperando algo que el otro no quiere dar. Ya no voy a seguir llamando a una puerta que el cielo me pidió cerrar". No todas las historias tendrán reconciliación. No todas las cartas serán respondidas. Pero eso no significa que tu paz esté incompleta.

Soltar sin reconciliarse es un acto de confianza radical. Es confiar en que el cierre que no recibiste del otro te será dado por Dios de otra forma: con paz interior, con dirección renovada, con la conciencia tranquila. Es una rendición madura, una entrega silenciosa, una forma de fidelidad a tu proceso de sanidad. Porque cuando sueltas lo que ya no puede caminar contigo, estás diciéndole al cielo: "Prefiero la voluntad de Dios sin compañía, que la compañía sin propósito".

Y sí, tal vez te quedaste sin escena final. Sin el reconocimiento que merecías. Sin la conversación que esperabas. Pero hoy estás aquí. Con la frente en alto. Sin escándalo. Sin odio. Con el corazón temblando, sí, pero libre. Porque soltar en obediencia, aunque nadie lo vea, es uno de los actos más poderosos que puedes hacer en la intimidad del alma. Dios lo ve. Dios lo honra. Y Dios lo usará para llevarte hacia delante.

EL PESO INVISIBLE DE LO INCONCLUSO

No siempre es lo que pasó lo que más duele. A veces, lo que más pesa es lo que nunca terminó de pasar. Lo que se quedó en el aire. Lo que quedó por decir. Lo que quedó sin cerrar. Una despedida no dicha. Una explicación que nunca llegó. Una disculpa que aún esperas. Es ese silencio suspendido el que se convierte en ruido interno. Ese espacio vacío el que sigue ocupando lugar en tu mente, como si el alma no supiera qué hacer con algo que sigue abierto, pero no tiene cómo sanar.

La neurociencia ha identificado este fenómeno como el *efecto Zeigarnik*. La psicóloga soviética Bluma Zeigarnik descubrió que el cerebro humano tiende a recordar con mayor claridad las tareas inconclusas que las completadas.[11] En otras palabras: *lo que no se cierra, no se va*. Se queda ahí, interrumpiendo, filtrándose en pensamientos repetitivos, causando ansiedad y agotamiento emocional. Es como una pestaña abierta que el alma no puede cerrar, porque no hubo final, no hubo respuesta, no hubo resolución.

Y aunque este hallazgo fue formulado desde la psicología cognitiva, su verdad resuena espiritualmente. Porque lo inconcluso no solo vive en la memoria, también vive en el espíritu. Muchas mujeres siguen atadas no al dolor original, sino a la falta de cierre. No lloran por lo que pasó, sino por lo que nunca pudieron hablar. No cargan con la herida, sino con el eco de una escena que no existió. Y ese vacío, aunque parezca pequeño, puede drenarte la esperanza. Porque el alma tiene hambre de sentido, y lo inconcluso le deja la digestión emocional suspendida.

Tal vez por eso el Espíritu Santo no solo sana lo vivido, sino también lo que quedó a medias. Dios no necesita que el otro vuelva para hacerte libre. No necesita una conversación perfecta para restaurar tu alma. Él también cierra lo que nadie más quiso cerrar. A veces lo hace con una palabra que te susurra en oración. A veces lo hace con un versículo que llega justo cuando más lo necesitas. A

11. Bluma Zeigarnik, *Über das Behalten von erledigten und unerledigten Handlungen [Sobre la retención de acciones completadas e incompletas]*, *Psychologische Forschung* 9, n.º 1 (1927): 1-85, https://doi.org/10.1007/BF02409755.

veces lo hace en el altar, mientras lloras sin entender del todo qué estás soltando, pero sabes que ya no puedes cargarlo más.

Muchas mujeres siguen atadas no al dolor original, sino a la falta de cierre. No lloran por lo que pasó, sino por lo que nunca pudieron hablar.

Porque no todas las conversaciones inconclusas necesitan retomarse. Algunas necesitan entregarse. No a la persona que no supo escucharte, sino a Aquel que siempre te oye. Jesús mismo modeló este tipo de entrega. Cuando Pilato le hizo preguntas buscando razones, Él no respondió (Mateo 27:14). Cuando Herodes lo interrogó con burla, Él guardó silencio (Lucas 23:9). No porque no tuviera verdad que decir... sino porque entendía que no todo merece explicación. Hay batallas que no se ganan hablando. Se ganan callando con propósito.

Hay personas que no están preparadas para escuchar la verdad, aunque tú estés lista para decirla. Y hay momentos en los que hablar no libera, sino que te enreda otra vez en dinámicas que Dios ya resolvió en tu interior. Por eso, no todo merece explicación. Este principio no siempre se comprende con facilidad, porque solo la madurez espiritual puede distinguir cuándo hablar te sana y cuándo el silencio protege. A veces, querer explicar lo que pasó es intentar redimir una historia que ya fue cerrada por el cielo. El deseo de "que el otro entienda" puede nacer del amor, sí, pero también puede venir del miedo a quedar mal interpretada. Jesús nos enseñó que el silencio también es estrategia espiritual. Hay cosas que no se aclaran con argumentos, sino con fruto. Con paz. Con dirección. El alma madura no necesita ser entendida para estar en paz. Solo necesita estar en obediencia.

Quizá tú también llevas dentro palabras que jamás fueron pronunciadas. No porque no supieras qué decir, sino porque nunca encontraste el momento seguro para decirlo. Ensayaste mentalmente los argumentos, repasaste posibles escenarios, visualizaste conversaciones en las que, por fin, podrías cerrar la historia con dignidad. Pero ese momento nunca llegó. Y con el paso del tiempo, te diste cuenta de que lo que más pesaba no era el evento en sí, sino todo lo que quedó suspendido alrededor de él. Lo no dicho. Lo no explicado. Lo no comprendido. Eso es lo que comenzó a doler con más fuerza. Porque lo inconcluso tiene un peso sutil pero constante: invade tus pensamientos, reabre heridas que parecían cerradas y te hace dudar de si hiciste lo correcto al callar. Pero hoy, en este preciso momento, el Espíritu Santo quiere levantar ese peso invisible. No lo hace minimizando lo que viviste, ni forzándote a confrontaciones que ya no edifican. Lo hace recordándote que lo que no se resolvió con el otro, puede ser completamente redimido por Él.

Y no se trata de negar que duele. Se trata de validar que ese tipo de carga —la del "nunca dicho"— también necesita redención. No es necesario que el otro regrese para que tú descanses. Lo que no fue hablado con personas, puede ser entregado en oración. Lo que no se cerró con palabras, puede ser sellado con fe. Porque cuando entregas lo inconcluso al Espíritu Santo, lo que antes era una herida abierta se convierte en una historia santa. Tal vez sin final humano, pero con propósito eterno.

Por eso, te invito a soltar lo que quedó incompleto, no con resignación, sino con autoridad espiritual y con la seguridad de que al hacerlo, Dios honrará tu fe. No es lo mismo dejar algo colgando que *colocarlo conscientemente en manos de Dios*. Puedes escribir esa carta que nunca enviarás. Puedes decir en oración lo que tu alma aún necesita liberar. Puedes cerrar un ciclo sin testigos, porque el cielo ya dio su visto bueno.

El modelo Zeigarnik puede explicar por qué el cerebro insiste en volver a lo que no terminó. Pero es el Espíritu Santo quien puede darte la fuerza *para cerrarlo desde adentro, aunque por fuera parezca que quedó abierto*. Y esa clase de cierre, aunque invisible, es donde muchas veces comienza la libertad más profunda.

Te invito a soltar lo que quedó incompleto, no con resignación, sino con autoridad espiritual y con la seguridad de que al hacerlo, Dios honrará tu fe.

SEPARARSE POR AMOR... A LA SANIDAD

No todas las separaciones ocurren por odio. Algunas ocurren por amor. No por amor al otro —aunque en muchos casos también exista—, sino por amor a lo que Dios está reconstruyendo dentro de ti. A veces, elegir alejarte no significa que dejaste de amar, significa que empezaste a cuidar tu paz. Porque hay vínculos que en un momento fueron bendición, pero que si permanecen más allá de su propósito, comienzan a entorpecer el avance. Y en esos casos quedarse no es lealtad: es negación.

Antes de continuar, quiero hacer una aclaración que para mí es importante: yo no creo en el divorcio como una solución fácil ni inmediata. Creo, con toda mi fe, que el matrimonio es un pacto sagrado, y que en la mayoría de los casos hay solución, restauración y esperanza cuando ambas partes están dispuestas a sanar. He visto milagros en matrimonios que parecían imposibles, y seguiré creyendo por más. Pero también sé, y lo digo con respeto, que hay personas que han atravesado procesos de divorcio con dolor, con oración, y con la mejor intención de seguir adelante sin cargar condenación. A ellas, no tengo otra cosa que extenderles amor, comprensión y gracia. Dios no desecha a quien ha sufrido una ruptura. Él sigue escribiendo historias redimidas aun en medio del quebranto.

Y aunque cuando hablamos de "separarse" mucha gente piensa de inmediato en el matrimonio, la realidad es que hay muchas otras relaciones que también exigen discernimiento. Relaciones familiares que te desangran emocionalmente. Amistades que dejaron de edificarse y solo sobreviven por nostalgia o culpa. Alianzas profesionales que fueron funcionales por un tiempo, pero ahora te atan a una identidad que ya no te pertenece. No todo lo que fue bueno antes debe permanecer para siempre. A veces el ciclo termina, y lo más espiritual que puedes hacer es reconocerlo sin rencor.

Abraham no se separó de Lot por enemistad. Se separó por paz. "Que no haya disputa entre nosotros", dijo con madurez (Génesis 13:8). Y esa decisión, tomada desde el respeto y la claridad, abrió la puerta para que Dios le mostrara a Abraham la tierra prometida. El vínculo familiar no fue excusa para ignorar la tensión. Y lo que muchos hoy temen —separarse de alguien solo porque es "sangre"— Abraham lo entendió como una necesidad espiritual. La familia es un regalo de Dios, sí; pero no todo vínculo familiar es garantía de armonía. Y cuando la relación con un pariente interfiere con tu propósito, mantenerla a cualquier precio puede volverse una forma de idolatría emocional.

Separarse por amor a la sanidad es un acto de humildad. Porque muchas veces, lo más fácil es quedarte. Aguantar. Fingir que todo está bien para evitar el conflicto. Pero llega un momento en que la permanencia comienza a afectarte más que la pérdida. Cuando la relación se convierte en un campo minado emocional, cuando tu identidad se diluye para mantener la conexión, cuando tu propósito se estanca por miedo a "soltar mal", entonces sabes que quedarte ya no es obediencia, es autosabotaje.

Y aunque el mundo te diga que cortar la relación es egoísta, el cielo te recuerda que tu sanidad también es sagrada. Que tu corazón es territorio santo. Que tu paz también importa. Porque Dios no solo quiere usarte, también quiere verte libre. Y hay libertades que solo se activan cuando tomas la difícil decisión de irte sin escándalo. De alejarte sin hacer ruido. De bendecir en silencio, mientras eliges honrar el templo de tu alma.

Separarse por amor a la sanidad es comprender que tú también mereces cuidarte. No porque seas débil, sino porque estás en restauración. Y quien está siendo restaurado no puede seguir exponiéndose a lo que lo rompió. A veces, proteger tu avance espiritual requiere distancia. Y eso no te hace menos espiritual. Te hace consciente. Te hace valiente. Te hace fiel a lo que Dios está haciendo dentro de ti.

Así que si estás ahí, preguntándote si estás traicionando algo al alejarte, quiero que lo leas con claridad: *no estás traicionando a nadie, estás respondiendo al llamado de Dios que te invita a caminar liviana, aunque eso implique hacerlo sola por un tiempo*. Porque no se trata de a quién dejas atrás, sino de a quién decides seguir. Y si en esa ruta de obediencia algunos vínculos tienen que soltarse, entonces que se suelten, no por desprecio sino por amor a lo que estás llamada a vivir.

CUANDO DIOS PERMITE UNA SEPARACIÓN PARA PROTEGER TU PROPÓSITO

Hay relaciones que Dios no quiso que perduraran. No porque fueran malas en sí mismas, sino porque, si hubieran continuado, habrían saboteado el próximo paso de tu propósito. A veces, el mismo Dios que une también separa. No lo hace por castigo, ni por abandono, sino por protección. Porque Él ve lo que tú no ves. Discierne lo que tú aún no logras interpretar. Y en su fidelidad, permite que ciertas conexiones se disuelvan antes de que te detengan.

Una de las mayores mentiras emocionales que enfrentamos es creer que toda relación rota equivale a una historia fallida. Pero no es así. A veces, una separación dolorosa no es una señal de que algo salió mal, sino de que algo más grande está por comenzar. No todas las relaciones tienen que terminar con restauración para que Dios las use en tu crecimiento. Algunas cumplen su función en tu formación, y cuando la etapa concluye, el vínculo también.

Jesús no retuvo a todos los que caminaron con Él. En Juan 6:66, se nos dice que muchos de sus discípulos lo abandonaron cuando sus enseñanzas comenzaron a confrontar. Y Jesús no corrió tras ellos. No se explicó. No trató de convencerlos. Solo se volvió a los doce y les preguntó: "¿También ustedes quieren irse?" (Juan 6:67). Ese momento revela una libertad que nace de la claridad: *quien está aferrado a su asignación, no necesita rogar permanencia a quienes ya no quieren caminar.*

A veces, lo que más impide tu avance no es el enemigo externo, sino la imposibilidad de soltar alianzas emocionales que caducaron. Personas que fueron útiles en una etapa, pero que ya no caminan en la misma dirección. Influencias que en otro tiempo te ayudaron, pero que hoy contradicen la visión que Dios está despertando en ti. Mantener esos vínculos por costumbre, por miedo al conflicto, o por presión emocional, puede ser una forma involuntaria de sabotear lo que Dios está por entregarte.

Hay momentos en que Dios interrumpe relaciones para proteger tu diseño. No porque seas débil sino porque estás en transición. Porque la siguiente etapa requiere más enfoque, más claridad, más consagración. Y Él sabe que si mantienes ciertos vínculos, vas a reducir tu visión para encajar en dinámicas que ya no reflejan quién eres ni hacia dónde vas. Por eso lo permite. No porque no te ame, sino porque te ama demasiado como para dejarte en el mismo lugar.

A veces, lo que más impide tu avance no es el enemigo externo, sino la imposibilidad de soltar alianzas emocionales que caducaron.

A veces la paz no se siente enseguida. Al principio, lo que se siente es pérdida. Vacío. Silencio. Pero si prestas atención, notarás que junto al dolor, también llega el aire. El espacio. La ligereza que permite que veas otra vez. Porque hay separaciones que duelen, pero también despejan. Relaciones que se van, y con ellas se va la confusión. Personas que se apartan, y sin saberlo, te dejan libre para avanzar. Ese tipo de separación es dolorosa, sí, pero es santa.

Y si hoy estás dudando si fue Dios quien permitió la ruptura, no te fijes solo en el dolor. Mira el fruto. ¿Tu alma respira diferente? ¿Tu enfoque ha vuelto? ¿Tu sensibilidad espiritual se ha restaurado? ¿Te sientes más alineada, aunque estés más sola? Si las respuestas son "sí", entonces probablemente no fue una pérdida, fue una redirección. Y en el Reino, las redirecciones siempre anuncian que algo mayor está por revelarse.

REESCRIBIR TU IDENTIDAD SIN RECONCILIACIÓN

La mujer samaritana (Juan 4:1-42) no volvió a buscar a sus maridos para explicarles nada. No reconstruyó su historia desde la reconciliación humana, ni esperó que quienes la habían desvalorizado la reconocieran como digna. No sabemos si alguno de ellos supo del encuentro que ella tuvo con Jesús. Pero lo que sí sabemos es que ese encuentro lo cambió todo. Su pasado quedó expuesto sin vergüenza. Su sed quedó saciada sin condiciones. Su dignidad fue restaurada sin intermediarios. Y eso fue suficiente.

Ella no necesitó reconciliación para encontrar restauración. Porque lo que la transformó no fue el cierre con otros sino la revelación que recibió de parte de Cristo. Lo que otros no quisieron validar, Él lo redimió. Lo que ella misma no comprendía de sí misma, Él lo nombró con verdad. Y esa escena, ocurrida junto a un pozo en Samaria, sigue siendo una respuesta viva para toda mujer que se pregunta si su historia puede tener valor sin reconciliación.

Una de las heridas más difíciles de nombrar es aquella que se instala en la identidad cuando el otro nunca reconoció su daño. Cuando la conversación pendiente nunca ocurrió, cuando la disculpa no llegó, cuando lo que se rompió se quedó sin respuesta. En ese silencio, muchas comienzan a preguntarse si valen menos por no haber sido escuchadas. Si su historia es incompleta por no haber tenido redención pública. Si, al no haber reconciliación, algo en ellas sigue roto. Y ese pensamiento, aunque comprensible, es una mentira que Dios quiere derribar.

Tu valor no depende del retorno de quien se fue, ni del arrepentimiento de quien te hirió. Tu valor fue fijado por Aquel que te conoce desde antes de que existieras. No necesitas reconciliación humana para validar tu sanidad espiritual. No necesitas ser entendida para ser restaurada. Cuando Dios habla a tu espíritu, cuando su presencia te afirma desde dentro, no hay rechazo externo que tenga la última palabra.

Reescribir tu identidad sin reconciliación es un acto de valentía y fe. Es mirar tu propia historia con compasión y decir: "Aunque no todos reconocieron lo que viví, yo elijo honrar mi camino". Es decidir que el proceso de sanidad no queda incompleto por falta de testigos, porque el cielo ya dio fe de lo que ocurrió en lo secreto. Es dejar de esperar confirmación externa para asumir con firmeza que fuiste restaurada por Aquel que nunca necesita ser convencido.

Tal vez hubo palabras que no dijiste, versiones que no defendiste, espacios donde te quedaste callada. Pero Dios no necesita defensa. Él conoce tu verdad. Y cuando Él te restaura, lo hace por completo. No desde la reparación social, sino desde la redención del alma. Esa clase de restauración no depende de reconciliación, depende de obediencia, de entrega, de confiar en que Él ya sanó lo que otros no supieron cuidar.

SOLTAR COMO PRÁCTICA ESPIRITUAL DE MADUREZ

Soltar no es un impulso emocional. Es una decisión espiritual. No siempre nace del cansancio, ni siquiera del dolor, sino del discernimiento que solo llega cuando el alma ha sido suficientemente trabajada por el Espíritu Santo. En un mundo que celebra el apego como símbolo de amor, hablar de soltar puede parecer frío o evasivo. Pero en la vida de fe, hay momentos en los que soltar no es huir, sino obedecer. No es rendirse, sino madurar. No es dejar de amar, sino amar desde otro lugar: uno donde la paz ya no depende de estar cerca, sino de estar alineada.

Jesús nos da una imagen poderosa de esta clase de madurez. En Mateo 26:50, cuando Judas llega para entregarlo, Él lo llama "amigo". No ironiza. No se defiende. No ruega. Jesús sabía quién era Judas y sabía lo que estaba por ocurrir, pero aun así, no intentó detener el momento. No porque no pudiera, sino porque entendía que no toda batalla debe evitarse, y no toda relación debe sostenerse más allá del propósito para el cual fue permitida. El silencio de Jesús frente a la traición no fue pasividad, fue soberanía. Fue dominio espiritual. Fue la certeza de que, incluso en la separación, el propósito se mantenía intacto.

Hay separaciones que no se explican con lógica humana, pero que están perfectamente orquestadas en el calendario de Dios. Relaciones que cumplen una función en tu vida, y que cuando esa función concluye, se disuelven sin escándalo. La inmadurez espiritual te hace aferrarte a lo que ya no edifica, por miedo a quedar sola o a parecer desleal. Pero la madurez te enseña que soltar también es fidelidad. Fidelidad a tu proceso. Fidelidad a tu paz. Fidelidad a la voz de Dios que te dice: "Ya es tiempo".

No toda batalla debe evitarse, y no toda relación debe sostenerse más allá del propósito para el cual fue permitida.

Soltar como práctica espiritual no significa desconectarte emocionalmente. Al contrario, exige un nivel profundo de conexión con lo que Dios está haciendo dentro de ti. Implica escuchar lo que el alma necesita para sanar, incluso cuando eso implique tomar distancia. Implica honrar la obra del Espíritu sin necesidad de dramatizar la despedida. Implica aceptar que a veces, para avanzar, debes dejar espacios vacíos, sabiendo que no se están quedando vacíos, se están quedando limpios.

Y no, no todo el mundo entenderá esa clase de separación. Algunos te juzgarán. Otros te malinterpretarán. Pero lo que importa no es quién lo aprueba, sino quién lo ordena. Si el Espíritu Santo te está guiando a soltar, no estás abandonando, estás obedeciendo. No estás retrocediendo, estás haciendo espacio para lo nuevo. Porque Dios no multiplica donde hay desorden. Él multiplica donde hay alineación.

Soltar con madurez es una forma de guerra espiritual silenciosa. Es decirle al alma: "No voy a quedarme aquí por miedo. Voy a avanzar por convicción". Es declarar que tu crecimiento vale más que tu reputación. Que tu sanidad es prioridad, incluso si el otro no la valida. Que tu asignación no puede depender de vínculos que no pueden sostenerte.

Y lo más hermoso es que cuando sueltas de esta manera, el cielo responde. No siempre con respuestas inmediatas. A veces con una paz que no tiene explicación. A veces con una fortaleza que no sabías que tenías. A veces con una nueva claridad que te hace ver por qué fue necesario dejar ir. Pero siempre con la certeza de que *nada que sueltes por obediencia te dejará vacía. Solo te dejará más ligera.*

UNA PAZ QUE NO DEPENDE DE ACUERDOS

No todo lo que se rompe necesita repararse para que sanes. Y no todo lo que se termina debe ser retomado para que tenga valor. Hay momentos en los que la sanidad no viene después del diálogo, sino después del silencio. No el silencio que aísla, sino el que purifica. Ese espacio sagrado en el que dejas de perseguir justicia humana y comienzas a caminar con quietud, sabiendo que lo que soltaste fue parte de obedecer a Dios, no de rendirte ante el dolor.

A lo largo de este capítulo has enfrentado una verdad compleja: que la paz no siempre llega por reconciliación, y que no todas las despedidas tienen eco humano. Pero hay algo más. *Hay una paz que no necesitas explicar para saber que es real.* Una paz que no te exige volver atrás para cerrar la historia, porque ya está cerrada en el cielo. Esa paz no depende de acuerdos externos. No requiere aplausos, ni comprensión mutua, ni escenas redentoras. Solo requiere que tú estés en paz contigo, y con el Dios que conoce tu camino completo.

A veces, la mayor evidencia de que soltaste bien no es cómo terminó la relación, sino cómo despertaste al día siguiente. Cuando ya no buscas respuestas. Cuando el alma respira hondo. Cuando el pasado ya no ocupa espacio en tus oraciones. Cuando la herida ya no grita, sino que enseña. Eso también es sanidad. Eso también es cierre.

Y si el mundo no lo entiende, está bien. No fuiste llamada a justificar tu proceso ante todos. Fuiste llamada a seguir caminando en la dirección que Dios trazó para ti, con pasos firmes y mirada limpia. No porque todo se resolvió, sino porque tú fuiste transformada.

Esa es la paz que no se negocia, no se mide ni se discute. Es la paz que guarda. La que protege. La que confirma que soltar fue correcto, aunque fue doloroso. Y esa paz —la que viene sin acuerdo, pero con propósito— será suficiente.

PARTE IV

RENUEVA TU MENTE, NO SOLO TU ÁNIMO

Hay batallas que no se libran con lágrimas ni con gritos, sino en silencio, dentro de la mente. Pensamientos que nadie escucha, pero que dictan decisiones, apagan sueños y sabotean vínculos. Después de sanar heridas visibles, muchas mujeres siguen atadas no por lo que vivieron, sino por lo que se siguen diciendo a sí mismas. Esta parte del libro es para esa etapa sagrada donde el alma ya no sangra, pero la mente aún repite cadenas. Aquí no solo vas a mirar lo que sientes, sino lo que piensas cuando nadie te ve. Porque si tu mente sigue gobernada por la culpa, el miedo o la mentira, la herida emocional puede sanar, pero tu vida seguirá estancada.

Aquí no vamos a trabajar solo en lo que sientes, sino en lo que crees. Porque aunque la emoción se sana con presencia, el pensamiento se transforma con verdad. Y renovar tu mente no es un ejercicio teórico, es un discipulado interior que convierte pensamientos saboteadores en pensamientos obedientes a Cristo. En esta parte vas a descubrir que tu mente también necesita proceso, entrenamiento, reeducación espiritual. No basta con repetir versículos, hay que interiorizarlos hasta que reemplacen la narrativa interna que por años te ha hecho sentir menos, dudar de ti misma o vivir en juicio constante. Esta renovación no ocurre por magia sino por rendición diaria.

Si decides caminar esta parte con honestidad, verás algo poderoso: el alma que ya no se culpa, el pensamiento que deja de atacarte, la voz interna que comienza a hablar con la misma compasión con la que Dios te habla. Vas a entender por qué has repetido frases que no escogiste, cómo el enemigo siembra mentiras en forma de pensamientos y, sobre todo, cómo Dios te da autoridad para reemplazar cada mentira con una verdad que te libere. Porque sí, es posible renovar la mente. Y cuando lo haces, no solo cambias tu ánimo, cambias tu destino.

10

REPROGRAMAR TU NARRATIVA INTERIOR

Sean gratos los dichos de mi boca y
la meditación de mi corazón.
—Salmos 19:14

Frases como "no soy suficiente", "todo lo daño", "siempre fallo", no vienen de Dios, pero se sienten más reales que Su verdad y gobiernan en la mente como decretos. Esa narrativa interna —ese diálogo silencioso que repites sin darte cuenta— es muchas veces el verdadero verdugo de tu libertad. Este capítulo no se trata de pensamiento positivo, ni de psicología decorativa. Se trata de mirar con valentía el guion que has estado obedeciendo en tu mente, para discernir si lo escribió el cielo... o tu herida.

La mente no es solo un órgano lógico, es un campo espiritual donde se libran batallas invisibles. Y muchas mujeres que aman a Dios, que sirven, que oran, que perdonaron y soltaron siguen prisioneras de una narrativa interna contaminada. Este tema lo he tratado muchas veces en los episodios de "Mujer, pódcast" que publico todos los lunes.

A veces es la voz de la infancia, a veces la voz de un abuso, a veces la conclusión silenciosa de una traición. Pero lo que todas esas voces tienen en común es esto: no fueron sembradas por Dios y, sin embargo, siguen hablando. El problema no es tener pensamientos; el verdadero problema es no haberse detenido nunca a preguntar: "¿Quién puso estas frases aquí? ¿Quién escribió este guion que estoy viviendo como si fuera verdad?".

Este capítulo es una invitación a cambiar el guion. A interrumpir pensamientos que ya no te representan, y a permitir que la Palabra de Dios no solo inspire tus emociones, sino reeduque tu mente. Aquí vamos a identificar cuál es tu narrativa interior, descubrir de dónde viene, y comenzar el proceso profundo —no instantáneo, pero sí posible— de reescribirla con verdad. Porque no puedes vivir libre con pensamientos que te encadenan; pero sí puedes comenzar hoy a reemplazarlos por una voz que te libere.

LA VOZ QUE MÁS INFLUYE NO ES LA DE OTROS, ES LA TUYA

Hay una conversación constante que nunca se detiene, aunque nadie más pueda oírla. Es esa voz que vive dentro de ti, opinando sobre todo lo que haces, interpretando lo que te sucede, comentando silenciosamente quién eres. Esa es tu narrativa interior. No necesita palabras habladas ni escenarios ruidosos para operar. Habita en la forma en que te defines cuando fallas, en lo que te repites cuando alguien te hiere, en las conclusiones invisibles que sacas cuando algo sale mal. Y aunque muchas veces no la eliges conscientemente, vives como si fuera verdad absoluta.

A veces esa narrativa suena como una sentencia: "Todo lo haces mal". Otras veces es una excusa que sabotea: "Así soy yo, no puedo cambiar". En muchas mujeres, esa voz es más dura que cualquier crítica externa. Porque no importa cuánto te amen otros, si tú te hablas con condena. No importa cuánto avances, si tu diálogo interno te hace sentir que no mereces estar ahí. Por eso, antes de cambiar tu entorno, necesitas examinar tu guion interno. Como escribió David en el Salmo 19:14: *Sean gratos los dichos de mi boca y la meditación de mi corazón delante de ti, oh Jehová*. Lo que Dios espera transformar no es solo lo que dices sino también lo que meditas.

En la Escritura, la boca y el corazón están profundamente conectados. Jesús enseñó que "de la abundancia del corazón habla la boca" (Mateo 12:34), y Proverbios afirma que "la muerte y la vida están en poder de la lengua" (Proverbios 18:21). Pero esa verdad no solo aplica a lo que decimos sobre otros. También incluye lo que decimos sobre nosotras mismas. Cada vez que te repites una mentira —aunque sea en silencio— estás sembrando una semilla espiritual. Y cada vez que proclamas una verdad bíblica sobre tu identidad, estás cultivando el fruto del Espíritu. Dios no recibe con agrado palabras cargadas de vergüenza, culpa o autodesprecio, aunque se digan con falsa humildad. Él desea que tu boca se alinee con su verdad, y que tu corazón medite en lo que Él ya dijo de ti.

La narrativa interna no nace de la nada. Se forma a partir de experiencias, heridas, frases escuchadas en la infancia, momentos no resueltos. Algunas mujeres están repitiendo pensamientos que no sembraron ellas mismas, sino que heredaron. Viven bajo narrativas sembradas por padres ausentes, maestros hirientes, relaciones abusivas o incluso doctrinas malinterpretadas. Y, sin embargo, aunque no hayan escrito ese guion, lo interpretan cada día como si fuera propio. La buena noticia es que Dios no solo quiere sanar tus recuerdos; también quiere reescribir la voz con la que te hablas a ti misma.

No puedes vivir una vida de fe con una mente que te repite incredulidad. No puedes caminar en libertad si tu pensamiento sigue encadenado a lo que ya no eres. Y no puedes abrazar la gracia si tu mente solo sabe operar desde la culpa. Por eso, en esta sección vamos a comenzar por lo más básico: identificar esa voz interna, reconocer su poder y decidir si realmente está alineada con lo que Dios piensa de ti. Porque tu diálogo más constante debería ser también tu diálogo más redimido.

Dios no solo quiere sanar tus recuerdos; también quiere reescribir la voz con la que te hablas a ti misma.

¿QUIÉN ESCRIBIÓ EL GUION QUE ESTÁS VIVIENDO?

No todo lo que piensas de ti misma viene de ti. Muchas de las frases que hoy repites como si fueran tu verdad fueron escritas por otros. A veces por personas que te amaban pero no sabían afirmarte, y otras por personas que te hirieron intencionalmente. Algunas frases llegaron como órdenes, otras como bromas. Algunas te las dijeron con dureza, y otras con indiferencia. Pero todas dejaron una huella. Un comentario de burla en la escuela. Una comparación en la familia. Una crítica en público. Un silencio donde esperabas afirmación. Poco a poco, fuiste recogiendo palabras sueltas y te armaste un guion. No lo escribiste tú, pero lo viviste como si fuera tuyo.

Líneas atrás mencioné que Proverbios 18:21 dice que "la muerte y la vida están en poder de la lengua", y no exagera. A lo largo de la vida, muchas mujeres han sobrevivido a palabras que mataron algo en su interior: la confianza, la espontaneidad, la alegría, la valentía. Palabras que llegaron en momentos vulnerables y se instalaron como etiquetas: "Qué bruta eres", "tú no naciste para eso", "con ese cuerpo, ¿quién te va a mirar?", "eres demasiado intensa", "siempre tan dramática". Aunque hayan sido dichas con ligereza, tú las recibiste con toda el alma. Porque el corazón no mide si fue en serio o en juego; solo siente y guarda.

El guion también se escribe por imitación. Aprendiste lo que valías no solo por lo que te dijeron, sino por cómo viste que se trataban a sí mismas las mujeres a tu alrededor. Si tu madre se desvivía por todos y nunca se detenía a descansar, tal vez pensaste que solo sirves si te desgastas. Si viste a mujeres anularse en sus decisiones por miedo al rechazo, quizás aprendiste que amar es desaparecer. Si creciste en una iglesia donde lo espiritual era más importante que lo emocional, tal vez concluiste que sentir era pecado, y comenzaste a esconder todo lo que te dolía. A veces no fue lo que te dijeron, sino lo que nunca pudiste decir tú.

Y entonces, sin darte cuenta, empezaste a edificar tu vida emocional sobre frases que jamás escogiste, pero que hoy repites como si fueran verdad. No necesitas gritarlas: basta con pensarlas una y otra vez hasta que se convierten en filtro, en espejo, en techo invisible. Aquí te comparto algunas de las más comunes. Léelas con honestidad. No para condenarte, sino para despertar:

- "Nada de lo que hago es suficiente".
- "Siempre me terminan dejando".
- "No tengo lo necesario para lograrlo".
- "Es mi culpa que todo salga mal".
- "Si me muestro vulnerable, me van a herir".
- "Soy una carga para los demás".
- "No sirvo para esto".
- "Ya es tarde para mí".
- "Tengo que hacerlo perfecto o mejor no hacerlo".
- "Si fallo, van a dejar de amarme".
- "No merezco algo bueno".
- "Todo depende de mí, si no lo hago yo, nadie lo hará".
- "No puedo confiar en nadie".
- "No tengo derecho a quejarme, hay gente peor".
- "Si descanso, soy floja".
- "Seguro estoy exagerando".
- "Dios tiene cosas más importantes que atender que mis problemas".

Estas frases no son pensamientos sueltos. Son rutas mentales establecidas, patrones invisibles que moldean decisiones, relaciones y hasta oraciones. El problema no es que alguna vez las pensaste. El problema es que empezaste a obedecerlas. Porque cuando una mentira no se confronta con la verdad, la mente la convierte en sistema. Por eso, Santiago 3:5 compara la lengua con una chispa capaz de incendiar un bosque entero. Una sola palabra puede provocar años de distorsión si no es discernida a tiempo. Y si esa palabra no se filtra a la luz de la verdad de Dios, termina convirtiéndose en identidad asumida.

Entonces, ¿quién escribió el guion que estás viviendo? Tal vez alguien con poder sobre ti cuando eras vulnerable. Tal vez un grupo que te etiquetó. Tal vez una cultura que te enseñó a avergonzarte de tu historia. Pero lo más importante no es quién lo escribió, sino que tú tienes el derecho —y la autoridad espiritual— de corregirlo. Porque tu historia no debe estar narrada por el juicio humano, sino por la voz de Aquel que te formó con propósito.

NO REPITAS LO QUE DIOS NUNCA DIJO

En 2 Corintios 10:5, Pablo no habla de emociones. Habla de pensamientos. Dice: *Derribando argumentos y toda altivez que se levanta contra el conocimiento de Dios, y llevando cautivo todo pensamiento a la obediencia a Cristo.* En este solo versículo hay una estrategia completa para la transformación mental. Pablo describe una guerra espiritual que no se libra con gritos, sino con discernimiento. Hay pensamientos que no son simples ocurrencias: son *argumentos*, es decir, estructuras mentales que se levantan como fortalezas invisibles. No te detienen porque sean escandalosos, sino porque se han vuelto lógicos para ti. Pero son mentiras disfrazadas de sentido común. Y si no las derribas con verdad, seguirán dictando tu manera de vivir, aunque ya hayas sido redimida.

¿Qué es un argumento espiritual? Es una idea persistente que se opone a la verdad de Dios, pero que suena razonable. Es la conclusión mental que parece protegerte, pero en realidad te encierra. Por ejemplo:

- "No puedo confiar en nadie; siempre terminan fallándome".
- "Si no lo hago perfecto, no lo hago bien".
- "Yo no nací para algo grande, mejor no sueño tanto".
- "Yo sé que Dios perdona, pero lo mío fue demasiado".
- "Tengo que resolverlo sola, no puedo molestar a nadie".

Estos argumentos nacen de heridas, se fortalecen con experiencias, y se justifican con miedo. Lo más difícil de enfrentarlos es que parecen tener pruebas. "¿Ves? Otra vez te dejaron. Tenías razón". Pero que algo se repita no significa que sea verdad, significa que necesita ser interrumpido.

Pablo no dice que simplemente ignores estos pensamientos. Dice que los derribes. La palabra griega usada allí es *kathaireó*, y significa "destruir por completo, desmontar piedra por piedra". No se trata de distraerte del pensamiento negativo, sino de enfrentarlo con una verdad más fuerte. Es un proceso espiritual activo, no pasivo. Y luego dice que los lleves cautivos. En otras palabras: no basta con desmantelarlos, hay que *someterlos*. El pensamiento que no obedece a Cristo no puede dirigir tu vida.

¿Cómo se hace esto en la práctica? Aquí tienes una herramienta sencilla y poderosa:

1. **Identifica el pensamiento dominante**

   Pregúntate: ¿qué frase se repite en mi mente cuando tengo miedo, cuando fallo o cuando alguien me hiere?

Escríbela. Sácala de la oscuridad del pensamiento y llévala a la luz.

2. **Discierne si es un argumento**

   ¿Este pensamiento refleja el carácter de Dios? ¿Se alinea con la Palabra? ¿Produce libertad o condena? Si no está en armonía con la verdad bíblica, no tiene autoridad.

3. **Derríbalo con la Escritura**

   Busca un versículo que contradiga directamente esa mentira. Por ejemplo, si el argumento es: "Ya es tarde para mí"; respóndele con: *Cada mañana se renuevan sus bondades; ¡muy grande es su fidelidad!* (Lamentaciones 3:23, NVI) o *Vale más el fin de algo que su principio* (Eclesiastés 7:8, NVI).

4. **Sométselo activamente a Cristo**

   Declara en voz alta: "Este pensamiento no es mío. No representa la mente de Cristo en mí. Yo elijo obedecer la verdad de Dios, no la voz del miedo". Luego repite la Escritura elegida en oración hasta que comience a reescribir tu interior.

5. **Sustituye el patrón**

   No basta con derribar una mentira. Hay que reemplazarla con una verdad firme. Cada vez que ese argumento regrese —y lo hará—, tienes que contestarle como Jesús lo hizo en el desierto: "Escrito está…".

No se transforma lo que no se enfrenta. Y no se vence lo que no se reemplaza. Cada argumento que derribas con la Palabra abre espacio para que Dios edifique una nueva mentalidad: no basada en miedo, sino en obediencia; no basada en heridas, sino en identidad.

Cada argumento que derribas con la Palabra abre espacio para que Dios edifique una nueva mentalidad: no basada en miedo, sino en obediencia; no basada en heridas, sino en identidad.

La mujer que transforma su narrativa interior no es la que no tiene pensamientos errados, sino la que aprendió a identificarlos, desmontarlos, derribarlos y a no obedecerlos. Es aquella que escucha el eco del pasado, pero le responde con la verdad eterna. Que reconoce la voz de la mentira, pero elige la voz del Espíritu. Que se mira en el espejo de la Palabra, no en el reflejo roto de su historia. Y ahí comienza el cambio real. Porque una mente que aprende a obedecer a Cristo ya no necesita justificarse, esconderse ni castigarse. Solo necesita recordar quién es y repetirlo una y otra vez para siempre.

ENTRENA TU MENTE PARA PENSAR COMO DIOS PIENSA

Dios no solo quiere que dejes de pensar lo que no viene de Él. Quiere enseñarte a pensar como Él. Porque una mente transformada no es solo una mente que ha dejado de repetir mentiras, es una mente que ha aprendido a razonar desde la verdad, a interpretar desde la esperanza, a decidir desde el Espíritu. Pablo lo dijo claramente: *Sean transformados mediante la renovación de su mente.*

Así podrán comprobar cómo es la voluntad de Dios: buena, agradable y perfecta (Romanos 12:2, NVI). Renovar la mente no es borrar lo que viviste, es filtrar lo vivido a la luz de lo que Dios dice. Es dejar de pensar desde el trauma y comenzar a pensar desde la redención.

Una de las prácticas más poderosas que la Biblia enseña para renovar la mente es la meditación. Pero es importante aclararlo: la meditación bíblica no tiene nada que ver con vaciar la mente o buscar estados alterados de conciencia como propone la Nueva Era. En las Escrituras, meditar significa *rumiar, reflexionar, repetir en voz baja lo que Dios ha dicho,* hasta que esa verdad penetre el corazón. Josué 1:8 dice: *Nunca se apartará de tu boca este libro de la ley, sino que de día y de noche meditarás en él, para que guardes y hagas conforme a todo lo que en él está escrito.* En otras palabras, la meditación bíblica no es pasividad mental, es disciplina espiritual. *No es disolverse en la nada, es llenarse de la Palabra.*

Este tipo de entrenamiento interior requiere constancia. Por eso David ora en el Salmo 19:14: *Sean gratos los dichos de mi boca y la meditación de mi corazón delante de ti, oh Jehová.* No basta con que nuestras palabras suenen correctas, si lo que habita en el corazón está distorsionado. La meditación de tu corazón, es decir, tu diálogo interior, tiene tanto poder espiritual como tu oración hablada. Dios no solo escucha tus frases visibles, también pesa tus pensamientos silenciosos. De ahí la necesidad de formar hábitos mentales que sean coherentes con la nueva identidad que has recibido. *Los hábitos mentales son la estructura donde se sostiene la libertad espiritual.*

¿Cómo se entrena la mente? No con fuerza de voluntad, sino con disciplina inspirada. Aquí tienes una rutina espiritual sencilla pero poderosa, para cultivar una narrativa redimida:

1. **Lee la Palabra en voz alta cada día.** No basta con entenderla; tienes que oírla. La fe no entra por el análisis, sino por el oído (Romanos 10:17). Tus oídos deben familiarizarse con lo que Dios piensa de ti, hasta que tu alma lo crea.

2. **Escribe lo que Dios dice sobre ti.** No lo que otros dijeron. No lo que el miedo sugiere. Haz una lista basada en la verdad bíblica. Porque escribir es fijar, y fijar es recordar.

3. **Declara en oración verdades específicas.** Ejemplo:

    - "Yo tengo la mente de Cristo" (1 Corintios 2:16).
    - "Soy escogida, santa y amada" (Colosenses 3:12).
    - "Dios comenzó en mí una buena obra y la terminará" (Filipenses 1:6).

4. **Responde con verdad cada vez que surja una mentira.** Si tu mente dice: "No sirvo para esto", responde con: "Todo lo puedo en Cristo que me fortalece" (Filipenses 4:13). Hazlo en voz alta. No pienses tu fe. Exprésala.

5. **Cultiva momentos de silencio enfocado.** Cierra tus ojos, repite un versículo, y deja que el Espíritu te lo revele. No estás vaciando tu mente, estás llenándola de verdad. La meditación bíblica es oración sin apuro y escucha sin distracción.

La transformación no ocurre por accidente. Pero tampoco por presión. Ocurre por consistencia. Día tras día, pensamiento tras pensamiento, vas reeducando tu interior para que piense como hija, no como esclava. Y con el tiempo, verás que lo que antes te detuvo ahora se convierte en lo que te impulsa.

Una mente redimida no es una mente sin pensamientos, es una mente con discernimiento. Es aquella que sabe qué voz no debe obedecer, y qué palabra debe atesorar. Es la que ha hecho de la Palabra su referencia, de la Presencia su refugio, y de la Verdad su sostén. Esa mente sí puede sostener una vida transformada, estable, guiada por el Espíritu.

Porque no basta con que tu alma haya sido sanada. Tu pensamiento también debe ser reformado. Y cuando eso ocurre, ya no vivirás reaccionando al pasado sino construyendo desde una identidad liberada. Esa es la narrativa que comienza cuando decides pensar como Dios piensa de ti.

Tal vez nunca nadie te enseñó que mereces hablarte con ternura. Tal vez creciste creyendo que corregirte era exigirte, que mejorar era exigirte más, que madurar era silenciar tu dolor. Pero no es así como Dios te habla. Él no te susurra con vergüenza. Él no te corrige con condena. Él no escribe sobre ti frases duras ni burlas crueles. Él habla desde la eternidad con palabras de vida, y cada vez que tú eliges repetirte una de esas verdades, tu alma da un paso hacia la libertad.

No hay nada más transformador que aprender a hablarte como Dios te hablaría. Cuando falles, no te aísles: repítete que eres Su hija, no Su proyecto fallido. Cuando sientas que no puedes más, no te acuses: recuérdate que Su poder se perfecciona en tu debilidad. Cuando alguna vieja frase aparezca —*"no sirves para esto", "siempre terminas igual", "ya es tarde para ti"*— respóndele con la Palabra, pero también con ternura. Como lo harías con tu hija. Como Jesús lo haría contigo. *Porque parte de tu sanidad vendrá el día en que dejes de hablarte como una esclava y empieces a hablarte como una redimida.*

Tal vez creciste creyendo que corregirte era exigirte, que mejorar era exigirte más, que madurar era silenciar tu dolor. Pero no es así como Dios te habla.

Tal vez no puedas borrar todas las voces del pasado. Pero sí puedes decidir cuál será la voz más fuerte a partir de hoy. Y esa voz —la tuya, rendida a la verdad— será la voz que te sostenga cuando nadie más entienda tu proceso. Cuando te mires al espejo, cuando te enfrentes al miedo, cuando quieras renunciar. Esa voz redimida será tu aliada. Tu testigo. Tu compañera. Y un día, sin darte cuenta, comenzarás a vivir como quien ya no repite cadenas, sino promesas.

11

LA MENTE TAMBIÉN NECESITA DISCIPULADO

Llevando cautivo todo pensamiento a la obediencia a Cristo.
—2 Corintios 10:5

En el capítulo anterior trabajamos la narrativa interior: ese relato repetitivo que llevas dentro, construido a lo largo del tiempo por experiencias, heridas, palabras de otros y conclusiones silenciosas. Es la historia que creíste sobre ti misma, a veces sin darte cuenta. Esa narrativa son creencias profundas que se han vuelto parte de tu identidad emocional. Pero para que esas narrativas se formen, primero ocurrieron pensamientos. Ideas más pequeñas, sutiles, muchas veces fugaces, que si no se discernieron, se agruparon, se repitieron, y terminaron organizadas como una voz interna dominante. La narrativa es el sistema que te moldea; los pensamientos son las unidades que lo alimentan.

Por eso este capítulo no repite el anterior, lo profundiza. Aquí vamos a descender al terreno donde todo comienza: el pensamiento. Esas ideas que cruzan tu mente a diario y que muchas veces no filtras porque suenan "normales e inofensivas", incluso espirituales. Pero lo que no se filtra, se forma. Y lo que no se somete a Cristo, acaba sometiéndote a ti. Pablo lo dijo con claridad: *Llevando cautivo todo pensamiento a la obediencia a Cristo* (2 Corintios 10:5). Esta no es una metáfora, es una instrucción. Porque cada pensamiento que permites sin evaluación puede convertirse en argumento. Y cada argumento no derribado puede levantar una fortaleza mental. Este capítulo no viene a ayudarte a sentir mejor, sino a enseñarte a pensar como Dios piensa. No para que te escapes del dolor, sino para que tomes dominio sobre él.

Dios no trata los pensamientos como algo menor o neutral. Desde Génesis hasta Apocalipsis vemos que lo que el ser humano piensa tiene consecuencias espirituales, emocionales y eternas. Proverbios 23:7 dice: *Porque cual es su pensamiento en su corazón, tal es él*. Lo que piensas te define. Jesús mismo expuso que los pecados no comienzan con las acciones, sino con lo que se maquina en el interior: *Porque del corazón salen los malos pensamientos* (Mateo 15:19). Y en Isaías 55:8-9, Dios deja claro que sus pensamientos son más altos que los nuestros. Lo cual significa que parte de caminar en el Espíritu no es solo hacer lo correcto, sino aprender a pensar correcto. *No basta con tener buenas intenciones si tus pensamientos aún están alineados con una lógica que Dios no respalda*. Por eso, renovar la mente no es algo cosmético. Es un acto profundo de obediencia y transformación.

MENTE RENOVADA VS. MENTE RELIGIOSA

No todo pensamiento que suena espiritual es saludable. Y no toda estructura mental basada en la fe está verdaderamente alineada al corazón de Dios. Una mujer puede conocer la Biblia, servir con pasión, hablar en lenguas, tener buena doctrina y, sin embargo, seguir razonando desde una mentalidad no discipulada. Porque una mente renovada no nace del conocimiento acumulado, sino de la transformación interior. No se forma por estar expuesta a lo espiritual, sino por rendirse a lo que el Espíritu enseña. Y cuando los pensamientos no han sido formados en obediencia a Cristo, pueden camuflarse como fe, pero operar desde el temor, la comparación o la autoexigencia.

Aquí es donde aparece un concepto clave: la religiosidad. En su mejor versión, la religiosidad puede ser buena. Santiago la describe como un ejercicio de cuidado hacia los demás y de dominio personal: *"La religión pura y sin mácula delante de Dios el Padre es esta: Visitar a los huérfanos y a las viudas en sus tribulaciones, y guardarse sin mancha del mundo* (Santiago 1:27). En ese sentido, la religiosidad práctica y piadosa es parte de la vida cristiana. Pero cuando la mente se aferra más a las formas que al fondo, más a los hábitos que al Espíritu, entonces esa religiosidad se vuelve hueca. Comienza a operar no desde la comunión con Dios, sino desde un sistema de ideas rígidas, exigentes, externas, que no producen transformación real.

Una mente religiosa puede ser fervorosa, pero está limitada por la lógica del esfuerzo humano. Tiene hábitos santos, pero conclusiones torcidas. Asocia bendición con mérito, disciplina con castigo, obediencia con autoanulación. Cree que pensar en sí misma es egoísmo, que sentir es debilidad, que fallar es sinónimo de descalificación. Sin decirlo abiertamente, vive bajo una tensión constante: si hace todo bien, Dios está complacido; si falla, se retrae en vergüenza. Esa mente no es malvada. Solo está mal instruida. No ha aprendido a pensar desde la redención, sino desde el rendimiento. Y mientras no confronte esas estructuras, seguirá razonando como si la gracia fuera condicional.

Cuando los pensamientos no han sido formados en obediencia a Cristo, pueden camuflarse como fe, pero operar desde el temor.

Una mente renovada, en cambio, no funciona por fórmulas. Funciona por comunión. No obedece por temor al castigo, sino por amor a Aquel que la transformó. No se esfuerza para agradar, sino que responde al amor recibido. Cuando tropieza, no huye de Dios, sino que se acerca con confianza al trono de la gracia (Hebreos 4:16). Se disciplina, pero no desde la culpa; se examina, pero no desde la condena. Su mayor deseo no es evitar el pecado, sino parecerse cada día más a Cristo. Ha aprendido a discernir que no todo pensamiento que suena espiritual viene del Espíritu. Y que la verdadera libertad no está en pensar "lo correcto" sino en ser guiada por la verdad.

La mente religiosa se enfoca en lo visible. La mente renovada se enfoca en lo eterno. La religiosa funciona por presión; la renovada por dirección. Una se compara, la otra se consagra. Una reacciona desde lo aprendido, la otra responde desde lo revelado. Por eso este capítulo es tan crucial: porque no se trata de pensar más "bonito", sino de pensar más bíblicamente. No se trata de recitar lo aprendido, sino de discernir si lo que piensas refleja verdaderamente el corazón del Padre. Y cuando esa renovación ocurre, tus pensamientos ya no serán obstáculos, serán aliados para tu sanidad total.

EL PROCESO DE RENOVAR

Renovar la mente no es una oración que se hace una vez, ni un cambio que ocurre de forma automática por tener buenas intenciones. Es un proceso espiritual profundo que requiere conciencia, disciplina, entrega y perseverancia. Pablo lo escribió con una claridad que a veces pasamos por alto: *Transformaos por medio de la renovación de vuestro entendimiento, para que comprobéis cuál sea la buena voluntad de Dios, agradable y perfecta* (Romanos 12:2). En otras palabras, no puedes caminar en la plenitud de la voluntad de Dios si tu entendimiento sigue rigiéndose por patrones viejos. La transformación no empieza con hacer más, empieza con pensar distinto.

Este proceso comienza con algo que muchas veces evitamos: *la confrontación del pensamiento*. No puedes renovar lo que no estás dispuesta a revisar. El Espíritu Santo no transforma por imposición, sino por exposición. Él no grita por encima de tus pensamientos, pero sí te revela cuando uno de ellos está contaminado. Y ahí inicia todo. En ese momento incómodo en el que identificas que lo que estás pensando suena lógico, pero no refleja la verdad del Reino. *Ese es el primer paso de una mente en renovación: dejar de defender pensamientos dañinos que aprendiste a normalizar.*

Después de identificar, viene el acto de *reemplazar*. Aquí muchas se frustran, porque quieren que el pensamiento negativo se vaya solo. Pero la mente no se vacía, se llena. Y si no la llenas con la Palabra, volverá a llenarse con lo que tenga a la mano: culpa, miedo, comparación o suposiciones. Por eso Jesús respondió al enemigo con "Escrito está" (Mateo 4:4). No para citar versículos como amuletos, sino para enseñarnos que la verdad escrita debe convertirse en argumento activo. Reemplazar es un acto consciente: por cada pensamiento que no obedece a Cristo, tienes que declarar una verdad que lo sustituya. No se trata solo de recitar, sino de habitar la verdad hasta que la mente comience a obedecerla como nueva instrucción.

Finalmente, la renovación implica *reentrenamiento constante*. Como un músculo espiritual, la mente necesita repetición, resistencia y paciencia. Esto no se logra en una semana de devocionales ni en una prédica poderosa. Es un caminar con Dios donde cada día entrenas tu pensamiento a discernir: *¿Esto que estoy pensando me edifica? ¿Refleja a Cristo? ¿Activa la esperanza o refuerza el temor? ¿Me empuja hacia la obediencia o hacia la autojustificación?* Esta forma de vivir no es extrema, es bíblica. *Todo lo que es verdadero, todo lo honesto, todo lo justo, [...], en esto pensad* (Filipenses 4:8). Esa no es una sugerencia emocional. Es un entrenamiento espiritual.

Filipenses 4:8 es uno de los versículos que más he citado en *Mujer, Podcast* a lo largo de los años. No porque suene bonito, sino porque ha sido mi ancla en momentos de caos mental, mi hoja de ruta cuando mis pensamientos querían desviarse hacia el temor, la comparación o la duda. He ministrado a mujeres en silencio, con lágrimas, repitiéndoles palabra por palabra este versículo. Porque si algo he aprendido como pastora, madre y mujer, es esto: cuando no sabes qué pensar, la Palabra te da un filtro. Y ese filtro no solo te protege, te limpia. Filipenses 4:8 no es solo un llamado a pensar bien. Es una guía para pensar como piensa el cielo.

Cada vez que eliges la verdad sobre la sospecha, la promesa sobre la herida, la gracia sobre el juicio, estás reconstruyendo tu mente desde el Reino. Renovar el pensamiento no es un evento emocional. Es una decisión de guerra. Y cada pensamiento que traes cautivo se convierte en evidencia de que estás avanzando, no como alguien que repite lo aprendido, sino como una mujer que ha decidido reentrenar su mente para cooperar con lo que Dios ya declaró.

DISCIPULAR TU PENSAMIENTO

Una mente renovada no solo piensa distinto de vez en cuando. Aprende a pensar desde una nueva cultura: la del Reino. Por eso la renovación mental no puede quedarse en un momento emocional ni en una colección de versículos que se repiten para consuelo. Requiere discipulado. Así como el corazón necesita conversión, la mente necesita formación. Porque todo lo que no se discipula, se deforma. Y una mente no discipulada termina interpretando lo sagrado con sospecha, justificando lo disfuncional como prudente, o tomando decisiones impulsivas que luego trata de espiritualizar. Por eso, si no entrenas tus pensamientos, tus pensamientos terminarán entrenándote a ti.

Hace unos años, una frase sencilla se convirtió en un movimiento: *WWJD* *What Would Jesus Do?* No fue una campaña comercial. Fue una provocación espiritual. Esa pregunta tan corta desató miles de decisiones correctas, conversaciones redimidas, acciones conscientes. Pero lo más poderoso no fue lo que la frase producía afuera, sino lo que activaba por dentro. Porque al preguntarte "¿qué haría Jesús?", comienzas a pensar desde otro lugar. Esa pregunta te saca del impulso, del trauma, del patrón viejo, y te obliga a imaginar el pensamiento de Cristo habitando en tu realidad. Esa es, en esencia, la clave del discipulado mental: no suprimir lo que piensas, sino redirigirlo con una pregunta que te recuerde quién eres y a quién sigues.

Discipular tu pensamiento no es un ejercicio místico ni psicológico. Es un acto espiritual profundo que honra la mente como parte del diseño de Dios. Cuando eliges examinar lo que piensas y someterlo a la Palabra, estás participando del proceso de santificación. Estás tomando el control que el Espíritu te delegó, no para manipular lo que sientes, sino para guiarlo con verdad. En 1 Corintios 2:16, Pablo afirma: *Nosotros tenemos la mente de Cristo.* Eso no significa que ya pensamos perfectamente, sino que tenemos acceso al modelo correcto. El discipulado comienza cuando dejas de justificar tus ideas y comienzas a rendirlas.

Y no es fácil. Algunas ideas vienen impregnadas de historia, de cultura, de familia, de experiencias pasadas que marcaron cómo razonas. Pero cada vez que eliges decirle a un pensamiento: "Esto no refleja al Reino, esto no suena como Cristo, esto no tiene raíz en la verdad", estás enseñándole a tu mente a seguir una nueva voz. Y eso es discipulado: formación paciente, consciente, con una dirección clara. No perfecta, pero sí perseverante.

Una mente discipulada no piensa menos; piensa mejor. No se calla; se ordena. No se endurece; se somete. No necesita entender todo; pero aprende a confiar en Aquel que lo ve todo. Y cuando eso ocurre, tus pensamientos ya no se convierten en enemigos silenciosos, sino en compañeros obedientes del propósito que Dios está edificando en ti. Porque una mujer que discipula su pensamiento no solo vive en obediencia, vive con paz.

Cuando eliges examinar lo que piensas y someterlo a la Palabra, estás participando del proceso de santificación. Estás tomando el control que el Espíritu te delegó.

TU MENTE NO ES UN ESTORBO PARA DIOS, ES PARTE DE SU OBRA EN TI

Quizás nadie te lo enseñó así. Quizás pensaste que mientras amaras a Dios con el corazón, tus pensamientos no importaban tanto. Pero hoy sabes que no es así. Que tu mente es parte del diseño, no un defecto. Que Dios no solo quiere usarte en lo espiritual, sino transformarte también en lo mental. Porque Él no quiere hijas que aparenten obediencia mientras internamente viven en contradicción. Él quiere formar en ti una mente clara, limpia, sobria, firme, que no viva reaccionando desde el trauma, sino respondiendo desde la verdad.

Y no estás sola en ese proceso. El Espíritu Santo no solo te consuela cuando lloras. También te instruye cuando razonas. Te susurra cuando piensas en silencio. Te guía cuando una idea parece inocente, pero no proviene de la luz. *Él quiere caminar contigo dentro de tu mente.* Quiere enseñarte a razonar desde la fe, a decidir desde la gracia, a interpretar desde el cielo. Y cada vez que eliges rendir un pensamiento —aunque parezca pequeño, aunque parezca insignificante— estás creando espacio para que la mente de Cristo se forme en ti.

No menosprecies ese trabajo invisible. Porque cada pensamiento que capturas, cada argumento que derribas, cada idea que rediriges, es un altar que estás levantando en tu interior. Un altar donde tu mente ya no repite las frases del pasado, sino que comienza a construir el lenguaje del Reino. Tal vez no sea inmediato. Tal vez cueste. Pero en ese proceso silencioso se está forjando algo eterno. Y un día, sin darte cuenta, comenzarás a pensar con libertad, a decidir con certeza, y vivir con la paz que solo experimenta una mujer cuya mente fue discipulada por Dios mismo.

12

DESHAZTE DE LA CULPA

Yo soy el que borro tus rebeliones por amor de mí mismo.
—Isaías 43:25

Después de trabajar la narrativa interior y de aprender a discipular tu pensamiento, puede surgir un obstáculo silencioso pero devastador: la culpa. No la culpa que lleva al arrepentimiento, sino esa que se instala en la mente como verdugo espiritual. Esa culpa no transforma; paraliza. No redime; condena. No produce fruto; solo estancamiento. Es la que te recuerda lo que hiciste, incluso cuando ya pediste perdón. La que te repite: *"No mereces avanzar. No mereces alegría. No mereces libertad"*. Y aunque Dios ya cerró el caso, tú sigues compareciendo en un juicio que el cielo ya anuló.

Esta es una de las batallas más invisibles del alma: cuando amas a Dios, conoces la gracia, hablas de fe, pero internamente vives condenándote. Y lo haces en silencio. No porque no creas en el perdón de Dios, sino porque no has sabido perdonarte tú. No porque Dios te haya rechazado, sino porque sigues creyendo que deberías pagar por tu error. Esa es la trampa de la culpa tóxica: te convence de que cargar con lo que hiciste es señal de madurez, cuando en realidad es una forma sofisticada de autocastigo. *Y mientras no liberes tu mente de esa prisión, seguirás creyendo que mereces menos de lo que la cruz compró para ti.*

Por eso este capítulo no viene a consolarte superficialmente. Viene a ayudarte a cerrar ciclos que Dios ya cerró. A identificar la diferencia entre una culpa que corrige y una que condena. A soltar ese peso mental que se disfraza de humildad, pero que solo retrasa tu sanidad. Porque el objetivo de esta parte del libro no es que pienses más bonito, sino que pienses en libertad, y sanes. Y para eso, hay que desactivar al verdugo más peligroso: esa voz que, aun después del perdón divino, sigue acusándote en nombre de un pasado que ya fue redimido.

CULPA SANTA VS. CULPA TÓXICA

No toda culpa es mala. Hay una culpa que redime y otra que destruye. Una que proviene del Espíritu y otra que nace del acusador. Una que te invita a volver a casa, y otra que te encierra fuera. Y el primer paso para sanar tu mente de la culpa es aprender a discernir cuál es cuál. Porque si no sabes reconocerlas, puedes estar resistiendo la voz de Dios creyendo que es condenación, o aceptando la acusación del enemigo creyendo que es corrección.

La culpa santa es aquella que te confronta, pero no te rechaza. Te muestra el error, pero te invita al arrepentimiento. No niega lo que hiciste, pero tampoco niega lo que eres. Esa culpa es temporal, precisa, clara. El Espíritu Santo no lanza generalidades como: "Tú nunca cambias" o "Eres un desastre". Él señala con amor: "Aquí fallaste. Aquí necesitas alinearte. Aquí te espero". Esa clase de convicción produce quebranto, pero también esperanza. Como Pedro cuando negó a Jesús y lloró amargamente, no para esconderse, sino para volver más fuerte (Lucas 22:62). Esa es la culpa que limpia, que educa, que produce fruto de arrepentimiento verdadero (2 Corintios 7:10).

Y aunque no nos guste sentirla, la culpa santa cumple una función redentora. Es parte del diseño espiritual que nos permite darnos cuenta de que nos hemos desviado. En el Antiguo Testamento, Dios estableció leyes de expiación porque entendía la necesidad del ser humano de enfrentar sus errores y ser restaurado. No para vivir en vergüenza, sino para vivir con claridad. La culpa bien dirigida rompe la dureza del corazón, abre espacio para la humildad, nos vuelve a conectar con el estándar de Dios y nos recuerda que necesitamos un Salvador. *Una fe sin convicción nunca madurará.* Por eso el Espíritu Santo no solo consuela, también corrige. No para humillarte, sino para devolverte a tu propósito.

La culpa tóxica, en cambio, no tiene fecha de expiración. Es repetitiva, vaga, acusadora. No te lleva a la cruz, te mantiene en el castigo. No te mueve al cambio, te estanca en el lamento. Es esa voz que aparece cuando estás a punto de avanzar y te susurra: "¿Con qué cara te atreves?". No señala una falla específica, sino que ataca tu identidad: "Eres indigna. No mereces ser feliz. Esto que te pasa es tu culpa". Ese no es el Espíritu Santo. Esa es una cadena disfrazada de humildad. *Es una trampa mental que suena espiritual, pero que en realidad es orgullo disfrazado: creer que tú debes pagar lo que solo Cristo podía pagar.*

Dios no niega tus errores. Pero tampoco quiere que vivas arrodillada ante ellos por el resto de tu vida. En Isaías 43:25, Él dice:

Yo, soy el que borro tus rebeliones por amor de mí mismo, y no me acordaré más de tus pecados. ¿Puedes ver la fuerza de esa promesa? No te perdona por conveniencia ni por pena, sino por el peso de Su amor. Y si Dios elige no recordarlo, ¿por qué tú seguirías repitiéndolo en tu mente? El perdón no se completa cuando Dios lo otorga. Se completa cuando tú lo recibes.

La culpa santa te regresa al Padre. La culpa tóxica te mantiene lejos, aun estando cerca. Y si no aprendes a diferenciarlas, terminarás evitando el arrepentimiento por miedo al castigo, o abrazando la condenación por creer que es justicia. Pero tú no fuiste llamada a vivir bajo sentencia. Fuiste llamada a vivir bajo redención. Y eso comienza con identificar qué tipo de culpa habita en tu mente.

La culpa santa te regresa al Padre. La culpa tóxica te mantiene lejos, aun estando cerca.

CÓMO IDENTIFICAR LA CULPA TÓXICA

La culpa tóxica no siempre entra como un juicio fuerte. A veces entra como un susurro razonable. Por eso es tan peligrosa: se disfraza de conciencia, pero opera como condena. Se presenta como responsabilidad, pero actúa como castigo. Y si no aprendes a identificar sus señales, puedes pasar años tratando de sanarte con el mismo látigo que te está hiriendo.

Una de las señales más claras de que estás frente a una culpa tóxica es que nunca te concede descanso. Es un pensamiento cíclico que aparece aunque ya hayas pedido perdón. No importa cuánto ores, cuánto sirvas o cuánto avances, siempre regresa con el mismo discurso: "Sí, pero recuerda lo que hiciste". La culpa santa te lleva a la cruz y te libera. La tóxica te lleva al pasado y te encierra. Si lo que sientes te empuja a esconderte, a fingir bienestar o a mantener distancia de lo espiritual, no viene del Espíritu Santo. Dios no te humilla para que cambies; te convence para que regreses.

Otra señal es que sientes que no tienes derecho a ser restaurada. No puedes recibir amor sin sentirte incómoda. Te molesta que otros te afirmen, te cuesta celebrar tus avances, desconfías cuando la vida empieza a ir bien. ¿Por qué? Porque la culpa tóxica ha instalado un sistema de autorrechazo en tu mente. Has hecho de tu error pasado tu nueva identidad. No dices: "Yo cometí un error", sino dices: "Yo soy eso que hice". Pero Dios nunca llama a Sus hijas por su falla. Las llama por Su amor. *La mujer adúltera no fue llamada por Jesús "pecadora", fue restaurada con dignidad y enviada con propósito* (Juan 8:10-11).

Y quizás pienses: "Pero lo que hice fue grave. No puedo simplemente olvidarlo". Es cierto, no puedes olvidarlo como quien borra una historia. Pero tampoco fuiste llamada a revivirlo como quien paga una condena. El arrepentimiento genuino no ignora el pasado, pero tampoco lo adora. La cruz no fue puesta para que la mires con culpa, sino con gratitud. Si tus pensamientos están más enfocados en lo que hiciste que en lo que Cristo hizo, estás atrapada en una culpa mal digerida.

Aquí es donde necesitas aprender a redirigir tu enfoque. En lugar de mirar una y otra vez lo que tú hiciste mal, comienza a mirar una y otra vez lo que Cristo hizo bien. Su justicia, Su sangre, Su sacrificio, Su perdón, Su restauración. No minimices tu error; pero tampoco maximices tu condena. *Puestos los ojos en Jesús, el autor y consumador de la fe* (Hebreos 12:2). Esa es la invitación: quitar el foco de tu caída y fijarlo en tu redentor. Porque no serás transformada por recordar el momento en que fallaste, sino por contemplar al que te levantó.

Dios nunca usará la culpa como cadena. Usará la convicción como puerta. Si te sientes atrapada, estancada, en deuda emocional con tu pasado, no estás bajo convicción. Estás bajo condenación. Y eso no es voluntad del cielo. *Jesús no murió para que camines con la cabeza agachada por lo que hiciste, sino para que levantes el rostro y vivas en respuesta a lo que Él ya pagó.* Identificar la culpa que te paraliza es el primer paso para romper su autoridad en tu mente.

MÁS ALLÁ DE LA CULPA, SOSTENIDA POR LA GRACIA

La gracia no es un permiso para ignorar lo que hiciste. Es el poder divino que te permite vivir más allá de eso. No es un concepto abstracto, es el recurso más concreto que el cielo te entregó para levantarte. *La gracia es el regalo inmerecido que te limpia, te restaura y te reposiciona cuando ya no tienes cómo justificarte.* No se gana, se recibe. *Porque por gracia sois salvas por medio de la fe; y esto no de vosotros, pues es don de Dios* (Efesios 2:8). ¿Y cómo se accede? Con un corazón rendido, no perfecto. Con una fe que deja de correr y se atreve a detenerse frente al amor que ya te perdonó.

Muchas mujeres creen en la gracia en teoría, pero viven como si aún debieran algo. Repiten versículos de libertad mientras cargan pensamientos de condenación. Sirven a Dios, pero se castigan por dentro. Saben que Jesús las perdonó, pero ellas mismas se siguen juzgando. *Y es ahí donde la culpa se convierte en un sabotaje espiritual: cuando logras acercarte a Dios, pero no te atreves a recibir todo lo que Él quiere darte.*

La gracia no borra la historia, pero cambia la conclusión. No dice: "Nunca fallaste". Dice: "Fallaste; pero no te quedaste allí".

Justificados, pues, por la fe, tenemos paz para con Dios por medio de nuestro Señor Jesucristo (Romanos 5:1). Esa paz no es ausencia de memoria. Es descanso en medio del recuerdo. Es saber que lo que hiciste ya no tiene el poder de definir lo que eres. No porque tú lo superaste, sino porque Cristo ya lo venció.

Cuando esa verdad baja de la mente al alma, algo cambia. La mujer que antes se escondía empieza a caminar de frente. La que se autocastigaba empieza a hablarse con compasión. La que no se creía digna empieza a adorar sin miedo. Porque ahora entiende que no tiene que esperar a sentirse "completamente restaurada" para caminar en propósito. *Bástate mi gracia; porque mi poder se perfecciona en la debilidad* (2 Corintios 12:9). Eso no es una frase de consuelo. Es una llave para caminar. Porque si esperas a sentirte libre para creer que eres libre, estarás atrapada. Pero si te atreves a creer lo que Dios ya declaró, tus pasos empezarán a sincronizarse con esa verdad.

La gracia no te da amnesia. Te da perspectiva. No te pide que olvides lo que hiciste. Te recuerda que no fuiste tú quien lo solucionó; fue Él quien lo redimió. Por eso, cada vez que la culpa toque a tu puerta, tú puedes responder con Su Palabra: *Ahora, pues, ninguna condenación hay para los que están en Cristo Jesús* (Romanos 8:1). Esa es tu posición. No por lo que hiciste, sino por lo que Él hizo por ti.

Así que si aún sientes que hay errores que te persiguen, no corras. Ríndelos. Deja que el peso de esa culpa se deshaga en el abrazo de Su gracia; porque aunque no puedas rehacer tu pasado, sí puedes decidir que no cargará tu futuro. Y ahí —en ese punto donde no hay defensa, pero sí redención— comienza una nueva forma de vivir: sostenida por la gracia, más allá de toda culpa.

Quizás durante años pensaste que la culpa era la forma en que Dios te corregía. Que sentirte mal era señal de humildad, y revivir tu error era parte de tu fidelidad. Pero hoy has visto la diferencia. La culpa no fue diseñada para ser tu guía, el Espíritu Santo sí. Y Él no enseña desde el castigo, sino desde la gracia. Él no repite tus fallas; te revela la verdad. Él no te mantiene atrapada en lo que fuiste; te guía hacia lo que puedes llegar a ser.

Si esperas a sentirte libre para creer que eres libre, estarás atrapada.
Pero si te atreves a creer lo que Dios ya declaró, tus pasos empezarán a sincronizarse con esa verdad.

Tú no fuiste llamada a vivir bajo una voz que te acusa, sino bajo una gracia que te afirma. Y esa voz del cielo no solo perdona. También restaura, renueva y reescribe. No minimiza lo que pasó. Pero tampoco permite que lo que pasó se convierta en tu identidad. En Cristo, puedes mirar hacia atrás sin vergüenza, y mirar hacia adelante sin miedo. Porque la sangre que te limpia también te habilita. Y la cruz no fue una historia que ocurrió; fue un acto que sigue activo cada vez que decides creerlo.

Esta parte del libro termina aquí. Pero tu libertad apenas comienza. No vas a salir con la mente perfecta, ni con emociones resueltas de un día para otro, pero sí vas a salir con una nueva autoridad sobre lo que antes te paralizaba. *La narrativa que te destruía ha sido interrumpida. Los pensamientos que no obedecían, ahora se están formando. La culpa que gritaba, hoy se ha callado ante la gracia.* Y esto es sanidad.

PARTE V

TU HISTORIA PUEDE TERMINAR DIFERENTE

Hay heridas que marcan el comienzo de una caída, y otras que, cuando son redimidas, marcan el inicio de una nueva historia. Esta última parte del libro no es un cierre emocional, sino un acto profético. No venimos aquí a recordar lo que sufriste, sino a declarar con autoridad espiritual que ese sufrimiento no es la última palabra. Esta es la parte de la redención. Donde el dolor encuentra propósito. Donde la herida se convierte en plataforma. Donde el silencio da paso a una voz clara.

Aquí ya no trabajamos con lo que te rompió, sino con lo que vas a construir. Si las partes anteriores te ayudaron a identificar, procesar y sanar tu pasado, esta parte te invita a mirar al frente con ojos nuevos. Ya no desde la defensa, sino desde el llamado. Ya no desde el trauma, sino desde la transformación. En este tramo del viaje, el pasado deja de tener el volante. El futuro empieza a hablar con voz propia. Es hora de tomar la historia en las manos de Dios y decir: "Vamos otra vez. Pero esta vez, diferente".

Sí, hay un después. Después del caos. Después del abuso. Después del silencio. Después del llanto que nadie entendió. Y ese después no será una versión más fuerte de tu vieja historia, sino el inicio de una vida restaurada. Vas a descubrir que tu historia no terminó en la herida, sino que apenas comenzaba cuando decidiste no rendirte. Esta parte del libro es una invitación a vivir desde la resurrección, no desde la repetición. A caminar con cicatrices, pero con visión. A ser testimonio viviente de que todo lo que fue quebrado, también puede ser usado para liberar a otros.

13

JESÚS NO OCULTÓ SUS HERIDAS: LAS CONVIRTIÓ EN EVIDENCIA

Mira mis manos.
—Juan 20:27

Hay un momento en el camino de sanidad en el que la herida ya no arde, pero todavía incomoda. No porque duela, sino porque aún nos preguntamos si debería ser visible. ¿Será prudente contar lo que viví? ¿Y si juzgan mi historia? ¿Y si me encasillan por lo que sufrí? Muchas mujeres atraviesan esta etapa crucial en silencio, saben que han sido restauradas por Dios, pero temen mostrar las marcas. Quieren proteger su proceso, pero sin querer, terminan escondiendo la mayor evidencia del milagro: sus cicatrices.

Este capítulo abre una nueva dimensión en tu viaje. Ya no vamos a hablar desde la herida, sino desde la evidencia. Ya no desde la vulnerabilidad de quien apenas sobrevive, sino desde la autoridad de quien ha visto a Cristo entrar en su dolor y salir con ella del otro lado. Aquí vas a descubrir que el silencio que te protegió en la temporada anterior, ahora puede convertirse en un obstáculo si no se transforma en mensaje. Porque la sanidad no se completa solo cuando deja de doler, sino cuando se convierte en testimonio para otros.

Jesús pudo haber resucitado con un cuerpo impecable, sin marcas, sin rastros de lo vivido. Pero eligió conservar sus heridas. No porque las necesitara, sino porque sabía que serían el lenguaje que otros necesitaban para creer. *Mira mis manos* (Juan 20:27), le dijo a Tomás. No fue una defensa. Fue una declaración: "Esto que ves no es derrota, es prueba de resurrección". Y así como Él mostró sus cicatrices sin vergüenza, tú también puedes aprender a mostrar las tuyas con propósito. Porque lo que Dios ya sanó, no necesitamos seguir escondiéndolo.

LAS CICATRICES COMO PRUEBA DE QUE LA MUERTE NO GANÓ

No toda marca es sinónimo de derrota. En el Reino, las cicatrices son señales sagradas de que pasaste por la muerte... y seguiste caminando. Y si tú estás leyendo estas palabras, no es casualidad. Es porque sobreviviste. No intacta. No ilesa. Pero sí presente. Con el alma marcada, sí. Con batallas que aún no puedes explicar del todo, también. Pero viva. De pie. Con el corazón aún sensible. Y con una historia que no terminó en el momento más oscuro. Yo no sé exactamente por lo que atravesaste, pero si llegaste hasta aquí, es porque decidiste no rendirte. Y quiero que lo sepas: este libro también fue escrito para ti.

Jesús, resucitado en gloria, pudo haber elegido un cuerpo sin rastros. Sin evidencia. Sin marcas. Él es Dios. Él tenía la autoridad para restaurarse en perfección, pero no lo hizo. Conservó sus cicatrices. Y eso no es un detalle incidental del relato bíblico; es una decisión teológica con peso eterno. Nos habla de un Dios que no se avergüenza de lo que pasó. Un Dios que no niega el proceso. Un Dios que no borra la historia, sino que la honra. Porque en el Reino de los cielos, lo sanado no se esconde. Se muestra. Y esa elección divina redefine lo que significa ser restaurada. No es volver a como eras antes. Es caminar con las marcas; pero sin dolor. Con la historia; pero sin vergüenza.

Mira mis manos (Juan 20:27), le dice Jesús a Tomás. No con tono de reclamo. No como quien necesita convencer. Lo hace con una serenidad que solo tiene quien ha vencido a la muerte. Y ese momento no es solo una escena conmovedora: es una enseñanza eterna. Jesús no necesitó explicar nada. Le bastó con mostrar sus cicatrices. Porque una cicatriz cerrada habla más alto que cualquier discurso. Una cicatriz cerrada no dice: "Esto me destruyó"; dice: "Esto fue real, y ya no me gobierna". Dice: "Sufrí, pero no me quedé allí". Dice: "La herida ya no sangra, pero no me avergüenzo de ella".

Tú también tienes marcas. Algunas visibles. Otras invisibles. Pero todas son memoria viva de la fidelidad de Dios en tu proceso. Quizás por años trataste de taparlas, de silenciarlas, de editarlas, pero hoy el Espíritu te recuerda que el propósito no necesita edición. Necesita verdad. Porque toda cicatriz cerrada es una predicación viva de que la sanidad sí es posible. Y no solo eso: es la plataforma desde donde vas a hablar con más autoridad, más compasión y más revelación que nunca antes.

No estás sola en tu historia. Ni en tu marca. Y no estás aquí para esconder lo que viviste, sino para que esa evidencia se convierta en esperanza para alguien más. Porque si tu herida fue profunda, también lo será tu impacto. *Y si lo que llevas en el alma ya sanó, entonces también puede hablar.* Y lo hará. A través de ti.

Toda cicatriz cerrada es una predicación viva de que la sanidad sí es posible.

CUANDO TU HISTORIA SE CONVIERTE EN VOZ

Hay un momento en el proceso de sanidad en el que lo que antes era llanto se convierte en lenguaje. Ya no hablas desde la rabia ni desde la urgencia de ser escuchada, sino desde la paz de quien ha sido restaurada. No necesitas gritar, ni convencer, ni justificar lo que viviste. Porque cuando el alma ha sido tocada por la mano de Dios, la voz ya no nace de la herida, sino del testimonio. *Y esa voz tiene peso eterno, porque no suena a teoría, suena a verdad encarnada.*

Hablar desde la sanidad no es contar lo que pasó, es traducir lo que Dios hizo en medio de lo que pasó. Es usar palabras que ya no buscan desahogo, sino transformación. Es cuando dejas de hablar solo para ti y comienzas a hablar para liberar a otras. Porque una historia sanada tiene un lenguaje distinto. No hiere, no manipula, no impresiona. Libera. Despierta. Desata. Cuando Jesús le mostró las manos a Tomás, no dijo: "Mira cuánto sufrí". Dijo: "Mira que estoy vivo" (Juan 20:27). Y eso cambió todo. *Porque la voz de una cicatriz cerrada no revive el trauma, proclama la victoria.*

Pero llegar a ese punto es un milagro en sí mismo. Muchas veces, antes de que tu historia se convierta en mensaje, tiene que pasar por el fuego de la rendición. No puedes hablar con autoridad sobre lo que aún te sangra en secreto. No porque seas hipócrita, sino porque el mensaje todavía está en proceso de formación. Cuando hablas desde una herida abierta, tu voz suena a necesidad. Pero cuando hablas desde una cicatriz sanada, tu voz suena a legado. Y eso marca toda la diferencia.

¿Cómo saber si tu herida ya está cerrada? Si has llegado hasta aquí, probablemente ya lo intuyes. No porque olvidaste lo vivido, sino porque el recuerdo ya no te gobierna. Lo que antes te paralizaba, ahora te empuja hacia adelante. Lo que antes dolía al nombrar, ahora lo puedes decir con paz. No hay reglas exactas, pero sí señales: puedes hablar sin ahogarte. Puedes recordar sin perderte. Puedes mirar atrás sin devolverte. *La sanidad no borra el pasado, le cambia el lenguaje.* Y eso es lo que has estado haciendo, paso a paso, capítulo a capítulo. Preparándote no solo para sanar, sino para convertirte en voz.

No todo lo que viviste tiene que ser contado. Dios no te pide que conviertas tu vida en un escenario. No todas las batallas se hacen públicas, ni todas las memorias deben compartirse. Algunas cosas que sanaste son solo para ti y para Dios, y está bien que se queden ahí. *El silencio también puede ser señal de sanidad cuando es fruto de sabiduría y no de vergüenza.* Este libro no es una invitación a exponerte, sino a discernir. A entender que tu voz no depende de cuántos detalles compartas, sino de cuánta verdad portas. Hablar desde la sanidad no significa decirlo todo, significa decir lo necesario, cuando el Espíritu lo indique, y con la intención correcta.

Lo que Dios te redimió, sí puede ser usado. No por obligación, sino por compasión. Porque hay alguien que necesita saber que sobreviviste, que sí se puede volver a empezar, que la voz no se pierde para siempre, que el trauma no es el punto final. *Tu historia puede convertirse en el eco profético que despierte a otras mujeres dormidas en su dolor.*

Este es el tiempo en que Dios está levantando voces que no nacen del ego, sino de la restauración. Voces que no hablan desde el escenario, sino desde el altar. Voces que no cargan ira, sino una unción fresca que solo viene de haber llorado en secreto con Aquel que todo lo vio. Y tú puedes ser una de esas voces. No debes tenerlo todo resuelto. Solo necesitas permitir que lo que Dios hizo en ti no se quede en silencio. Porque hay una unción que no se recibe por imposición de manos, sino por el peso de lo vivido.

Y esa unción se activa cuando tu historia comienza a hablar.

EL PASADO YA NO TIENE VOZ... PERO SÍ PROPÓSITO

Hay un punto en el camino de sanidad donde el pasado deja de hablar con culpa y comienza a sostener con propósito. Ya no interrumpe tus decisiones, ahora impulsa tu llamado. Ya no sabotea tus relaciones, ahora fortalece tu compasión. Ya no te encierra en miedo, ahora te conecta con otras desde una verdad más profunda. *Ese es el momento en que tu historia deja de doler y empieza a edificar.* Y eso no ocurre de golpe. Es fruto de todo lo que has venido haciendo hasta aquí: sanar, rendir, soltar, hablar. Pero ahora es el tiempo de asumir. De reconocer que esas marcas ya no son solo prueba de lo que viviste, sino plataforma para lo que viene.

Jesús no mostró sus heridas como un dato emocional. Lo hizo como un acto que transformaba el dolor en una gran misión. Después de mostrar sus manos a los discípulos, les dijo: *Como me envió el Padre, así también yo os envío* (Juan 20:21). Primero evidenció las cicatrices. Luego soltó el envío. Y ese orden tiene un mensaje eterno: *lo que te marcó también te capacita para lo próximo*. El propósito no nace a pesar de tus heridas, nace desde ellas. Y cuando tus marcas han sido restauradas, Dios las convierte en escalones. Escalones que otras también podrán pisar para salir del pozo donde tú estuviste. Tus marcas no te invalidan, te posicionan.

No necesitas tener un micrófono ni una plataforma pública. Pero sí tienes un círculo que solo tú puedes alcanzar. Una mujer que solo tú puedes entender. Una conversación que solo tú puedes abrir. Porque nadie puede ministrar con tanta claridad como quien ya pasó por ese valle. Y si el infierno invirtió tanto en silenciarte, es porque el cielo ha invertido mucho más en levantarte. *Las batallas más ocultas muchas veces preceden los llamados más visibles*. Y lo que parecía haber sido una interrupción en tu vida puede convertirse en el diseño estratégico de Dios para impactar a muchas más.

Y si todavía dudas de que lo que viviste tiene propósito, recuerda esto: las marcas que Jesús mostró no detuvieron su misión, la inauguraron. Después de mostrar sus manos, vino el envío (Juan 20:21). El cielo no te usará *a pesar de*, sino *a través de*. Lo que parecía un final era simplemente un prólogo. No necesitas tener todo claro para comenzar, solo necesitas rendir lo que llevas, porque en las manos de Dios, incluso tus capítulos más oscuros pueden convertirse en puertas abiertas para otras. No por perfección, sino por presencia. Su presencia.

Ahora estás de pie en un portal. No simbólico, sino espiritual. Lo que viene no será una repetición de tu pasado, sino una redirección divina. Estás en el umbral de hablar lo que antes callaste, de liberar lo que antes te ató, de multiplicar lo que te costó tanto recibir. *Aquí termina el eco del dolor y comienza la voz del propósito*. Tus marcas no son un monumento a lo que sufriste. Son las huellas del Dios que atravesó la muerte y te trajo hasta aquí. Y ahora, desde este lugar sagrado donde estás viva y consciente, puedes decir con autoridad: "Hoy, esto es parte de mi llamado".

14

TU PROCESO ES PREPARACIÓN

Vosotros pensasteis mal contra mí,
mas Dios lo encaminó a bien.
—Génesis 50:20

Hay capítulos de la vida que parecen inútiles hasta que Dios los vuelve fundamento. Temporadas sin explicación que, en retrospectiva, se revelan como arquitectura espiritual. Procesos que se sintieron como abandono, pero eran la sala donde Dios trabajaba en secreto. Este capítulo no es una celebración del dolor, es una afirmación de la formación. Porque lo que viviste no fue azar ni castigo, fue una inversión divina en tu interior. *Y toda mujer que se deja formar por Dios, lleva una solidez que no se nota enseguida, pero sostiene generaciones.*

Tal vez no entiendas aún por qué pasaste por tanto. Pero estás aquí. Y eso significa que sobreviviste no solo para recordar, sino para comprender. Mientras llorabas, el cielo tejía algo en ti. Mientras esperabas, se fortalecían tus raíces. Mientras callabas, crecías hacia adentro. Este no es el capítulo de las explicaciones, es el capítulo del reconocimiento: algo fue construido en ti en silencio y está por activarse.

Y no, no estamos hablando de "llamado", como lo define la cultura superficial: un escenario, una posición, una audiencia. Estamos hablando de algo más exigente y más real. Ser preparada por Dios no es un camino hacia el protagonismo, es una rendición profunda que produce carácter. Es una transformación interior que te hace útil, estable, sobria y fiel. Preparación no solamente es lo que precede al éxito; es también lo que te mantiene firme cuando llega la pérdida, la espera o la incomodidad.

Dios no forma celebridades espirituales, forma columnas. Y tú eres una.

Una columna en tu matrimonio, sosteniendo con oración y ejemplo la institución más sagrada que Dios diseñó. Columna en la crianza, donde cada decisión, abrazo y corrección deja huellas eternas en el alma de tus hijos. Columna en el cuerpo de Cristo, predicando, sirviendo, liderando desde la fidelidad y no desde la necesidad de ser vista. Columna en el mundo profesional, donde tu presencia ha abierto caminos sin violencia ni ruido, sino con excelencia, discernimiento y valor. Y cuando haces todo esto desde la sanidad —no desde la herida— el impacto se multiplica. Porque no solo estás sosteniendo, estás transformando.

EL ENTRENAMIENTO OCULTO DEL ALMA

Una mujer puede ilusionarse con la idea de sanar creyendo que, al hacerlo, todos lo notarán. Que su entorno la mirará distinto. Que se sentirá más liviana. Que otros se sorprenderán de su paz o comentarán lo cambiada que se ve. Pero muchas veces eso no pasa... al menos no de inmediato. El alma no tiene evidencia rápida. Y cuando nada cambia afuera, puedes llegar a pensar que tampoco está pasando nada adentro.

Ana también vivió esa disonancia. Su proceso fue tan interno, tan profundo, que ni el sacerdote Elí supo interpretarlo: *Mientras ella oraba largamente delante de Jehová, Elí estaba observando [...]; y Elí la tuvo por ebria* (1 Samuel 1:12-13). Nadie celebró su avance. Nadie la llamó valiente. Nadie dijo: "Se te nota que estás sanando". Pero en el interior de Ana, algo invisible, pero decisivo, estaba ocurriendo. Después de derramar su alma en oración, el texto dice: *Y se fue la mujer por su camino, y comió, y no estuvo más triste* (1 Samuel 1:18). Esa frase no es poética. Es clínica.

Lo que vemos ahí es un giro emocional tan claro que incluso hoy, desde la ciencia, se reconoce como un marcador de estabilidad mental. Una persona deprimida pierde apetito. Su ánimo decae. Su rostro cambia. Ana, que antes "lloraba y no comía" (1 Samuel 1:7), ahora vuelve a nutrirse. Se estabiliza. Toma decisiones. Todavía no tenía el milagro en brazos, pero ya había sido restaurada internamente. Y eso es progreso. Porque el alma se entrena en secreto, en esa línea fina donde aún no ha cambiado el entorno, pero sí ha cambiado la respuesta.

Ese es uno de los frutos más claros del entrenamiento espiritual: tu respuesta cambia. Lo que antes activaba tus mecanismos de defensa, ahora te encuentra con una mujer diferente. La formación interior no siempre elimina la prueba, pero sí reestructura la reacción. Donde antes había explosión, ahora hay contención. Donde antes había huida, ahora hay discernimiento. Donde antes había necesidad de agradar, ahora hay estabilidad en tu identidad. No siempre notarás el cambio al mirar tu calendario, pero sí al observar tu conciencia. *Y eso es madurez espiritual: reconocer que estás creciendo no porque todo te sale bien, sino porque ya no reaccionas como antes.*

José fue otro ejemplo de ese tipo de transformación. Lo que lo calificó para gobernar Egipto no fue la interpretación de sueños, sino la compostura emocional con la que trató a sus hermanos cuando los vio. Pudo haberlos humillado. Pudo haber reclamado. Pudo haber usado su poder como revancha. Pero eligió la compasión y el perdón (Génesis 45:4-8). *Su proceso no solo lo preparó para ocupar un lugar, sino para no repetir lo que lo formó.* El entrenamiento más profundo no es el que te da acceso, sino el que te da control. Control sobre tu ego, tus impulsos, tus heridas no resueltas.

Dios te entrena no para demostrar lo que puedes hacer, sino para asegurarse de que no repitas lo que casi te destruyó. Porque si no cambian tus patrones internos, repetirás tu pasado con diferente cara. Por eso el proceso no se mide en tiempo, sino en transformación. ¿Sigues interpretando el rechazo como abandono? ¿Sigues reaccionando con miedo cuando no tienes control? ¿Sigues necesitando aprobación para sentirte valiosa? Entonces el proceso aún no ha terminado. Lo que no ha sido redimido, tiende a repetirse. Pero lo que ha sido entrenado, ya no responde igual.

Por eso es tan importante dejar de medir tu avance por lo que lograste. Tienes que medirlo por lo que dejaste de repetir. Por las palabras que ya no usas. Por los vacíos que ya no llenas con personas. Por los caminos que ya no eliges, aunque puedas. Eso también es progreso. *Ese es el corazón al que Dios entrega lo nuevo: no por el anhelo que tenga, sino porque está listo para guardarlo.* Y si tu historia incluye largos periodos de silencio, de espera, de no saber, no pienses que fuiste estancada. Fuiste trabajada en lo profundo. Porque lo que se forma en secreto, es lo que sostiene lo visible.

Lo que no ha sido redimido, tiende a repetirse. Pero lo que ha sido entrenado, ya no responde igual.

LO QUE EL HORNO TE ENSEÑÓ

Ahora que has recorrido tu historia con nuevos ojos —no los de la víctima, sino los de una mujer en proceso de restauración— es posible mirar atrás sin devolverte, y recordar sin desordenarte. En el capítulo 3 aprendiste a identificar los orígenes del dolor sin hacer del pasado tu identidad. En el capítulo 5 comenzaste a reconocer que lo que parecía fortaleza era, muchas veces, un mecanismo de defensa disfrazado. En el 7 le pusimos nombre a la ansiedad que no entendías y expusimos los ciclos que se repetían sin explicación. Y en el 10 hablamos de las batallas internas que nadie veía, pero que tú enfrentabas todos los días. No solo has leído este libro, lo has vivido.

Por eso esta parte ya no es sobre cómo salir del horno, sino sobre cómo reinterpretarlo desde la sanidad. No para revivir el dolor, sino para extraer la revelación. Porque si lo único que hicieras es sobrevivir, el proceso estaría incompleto. Pero si ahora puedes mirar hacia aquel fuego y discernir lo que se quemó, lo que se reveló y lo que se preservó, entonces estás lista para cargar propósito con discernimiento. El horno fue real, pero no fue el final. Fue el umbral donde moriste a lo que no podías cargar más, y naciste a lo que sí podías sostener.

Lo que entonces parecía caos, hoy puedes verlo como el escenario donde Dios permitió que se cayera todo lo que ya no sostenía vida: expectativas ajenas, roles impuestos, máscaras funcionales, alianzas tóxicas, lealtades autoimpuestas. No lo viste así en el momento. Nadie lo hace. Pero ahora que tu alma ha sido ordenada, capítulo a capítulo, rendición tras rendición, puedes mirar ese fuego con una autoridad que antes no tenías. No fue un castigo. No fue un desvío. Fue un filtro. El fuego fue el lenguaje que el cielo usó para mostrarte lo que no debía seguir contigo.

Y lo más glorioso es que en medio del fuego, Nabucodonosor vio algo que no esperaba. Según su orden, habían lanzado a tres jóvenes hebreos al horno (Daniel 3:23). Pero al mirar, dijo: *¿No echaron a tres [...]? [...] yo veo cuatro varones sueltos, [...]; y el aspecto del cuarto es semejante al Hijo de los dioses* (Daniel 3:24-25). ¿Quién era ese cuarto hombre? ¿De dónde salió? Si el rey sabía que eran tres, ¿por qué ve cuatro? Ese cuarto hombre es Jesús. No estaba esperando afuera. No enviaba ayuda desde lejos. No se decidió a intervenir cuando todo estuviera más cómodo. Él mismo se metió en el horno con ellos. Porque hay niveles de intimidad con Dios que no se alcanzan en la calma, sino en la llama. Hay cosas que solo verás de Dios cuando todo arde, y aun así permaneces.

Y ahora entiendes por qué te lo enseñé desde el capítulo uno. ¿Lo recuerdas? Cuando apenas comenzábamos a hablar de tu historia, te dije que Dios nunca te soltó, aunque no lo sentías. Que su presencia no era un estado emocional, sino una verdad eterna. Pero hoy ya no es solo una enseñanza, es tu convicción. Porque como

Daniel, tú también fuiste metida al horno sin garantías, sin certezas, sin compañía visible. Pero ahora ves lo que antes no podías: nunca estuviste sola. El mismo cuarto hombre que caminó con ellos, caminó contigo. No llegó después. Estuvo desde el principio. Y si has podido llegar hasta aquí es porque el fuego fue fuerte; pero Su presencia fue más fiel.

La ciencia emocional también lo confirma. En estudios realizados en la UCLA se descubrió que el cerebro procesa el dolor emocional con la misma intensidad que el físico, pero al pasar por crisis prolongadas, se activa una región llamada *corteza prefrontal ventromedial*, responsable de reinterpretar experiencias pasadas y generar respuestas nuevas.[12] En otras palabras, el horno no solo duele, reescribe tu forma de pensar.

Y ahora puedes entender lo que antes no sabías nombrar. Porque lo que este libro te ha dado —capítulo tras capítulo— no es solo consuelo, es lenguaje espiritual. Es discernimiento emocional. Es restauración con fundamento. Por eso tus oraciones ya no son las mismas. Tu manera de relacionarte ha cambiado. Tus límites ya no nacen de la inseguridad, sino del amor propio redimido. El fuego no solo modificó tus circunstancias, el proceso de sanidad que viviste aquí reconfiguró tu interior. Lo que antes era automático, ahora es intencional. Lo que antes te dominaba, ahora lo puedes examinar. Lo que antes activaba ansiedad, hoy despierta sabiduría. Esa eres tú. Y ahora lo sabes. Porque le pusimos palabras. Le dimos forma. Y lo afirmamos juntas.

Y ahora que miras hacia atrás, hacia ese horno donde tanto se desmoronó, puedes ver algo que entonces no sabías: ahí afinaste

12. N.I. Eisenberger y M.D. Lieberman, "Why It Hurts to Be Left Out: The Neurocognitive Overlap Between Physical and Social Pain," *Trends in Cognitive Sciences*, 8(7), 2004, pp. 294-300. https://doi.org/10.1016/j.tics.2004.05.010.

tu sabiduría y te equipaste. No por lo que sufriste, sino por lo que ahora entiendes. Este libro te ha dado las herramientas, pero la vida ya te había dado el terreno. Lo que antes era confusión hoy es claridad. Lo que antes te hería, hoy te forma. Lo que antes escondías, hoy puedes redimir. Tienes ojos que el fuego abrió, y este proceso te enseñó a ver.

DIOS USA TODO

Ahora que has visto lo que el fuego reveló, que pudiste interpretar con claridad lo que se quemó y lo que permanece, puedes comprender una verdad que nunca más debes poner en duda: *Dios no desperdició nada de lo que viviste.* Ni tus errores, ni tus pérdidas. Ni tus silencios, ni tus lágrimas. Todo fue incorporado al proceso. Todo fue redimido. Todo fue usado para tu bien, incluso cuando parecía que solo trabajaba en tu contra.

No es una frase bonita. Es una realidad espiritual. Lo que parecía fracaso te enseñó discernimiento. Lo que te rompió desarrolló tu capacidad de consolar. Lo que te expuso, te fortaleció. Lo que parecía una desventaja, te convirtió en guía. Lo que te desubicó, te hizo más sensible a la voz de Dios. No necesitas seguir buscando otro origen, otra historia, otro pasado. Porque esta historia —tu historia—, con todo lo que fue y lo que ya no es, es la que Dios usará. *Él no escribe sobre versiones perfectas, escribe sobre historias redimidas.*

Eso es lo que te ha quedado claro en este capítulo. Que lo que dolió, también te entrenó. Que lo que parecía castigo, fue preparación. Que el horno no fue una pausa, sino un proceso revelador. Pero esta es la parte que te libera: *Dios no solo te formó en todo eso, también lo va a usar.* Para tu futuro, sí. Pero también para tu hoy.

Para tus decisiones, tus relaciones, tus conversaciones, tu impacto. Nada fue accidental. Nada fue estéril. Nada fue ignorado por el cielo.

**Dios no desperdició nada de lo que viviste.
Ni tus errores, ni tus pérdidas.
Ni tus silencios, ni tus lágrimas.
Todo fue incorporado al proceso.**

Génesis 50:20 dice: *Vosotros pensasteis mal contra mí, mas Dios lo encaminó a bien.* José no lo dijo desde la herida. Lo dijo desde la sanidad. Desde la perspectiva de quien no idealiza su historia, pero tampoco la niega. Desde la autoridad de quien sabe que lo que otros planearon para daño, Dios lo incorporó a propósito. Esa es la fe que estás cargando ahora. Una fe que no niega lo vivido, pero lo traduce desde una mente redimida. *Una fe que sabe que Dios no desperdicia nada, ni siquiera lo que otros contaminaron.*

Por eso puedes avanzar sin miedo a lo que viviste. Puedes hablar sin culpa. Puedes recordar, y aun si al recordar se te derrama una lagrimita por ahí, no son sin consuelo, ni desde el dolor, hoy son desde la honra de saber que sobreviviste, sanaste... y entendiste. Puedes volver a esos escenarios en tu mente sin volver a cargar el mismo peso. Porque ahora entiendes que Dios no se quedó con las partes buenas de tu historia. *Dios usa todo.* Y cuando Él usa todo, tú ya no eres víctima del pasado, sino portadora de un propósito que no puede ser falsificado.

15

SANA Y REDIRIGE TU HISTORIA

A consolar a todos los enlutados; a ordenar que [...] se les dé gloria en lugar de ceniza, óleo de gozo en lugar de luto, manto de alegría en lugar del espíritu angustiado.

—Isaías 61:2-3

Llegaste hasta aquí porque decidiste sanar. Y sanar no fue fácil. Lloraste con palabras y sin palabras. Te desarmaste frente al espejo de cada capítulo. Atravesaste la incomodidad de mirar adentro sin filtros, sin adornos, sin evasión. Nombraste lo que habías callado. Entendiste por fin que lo que dolía no era lo que pasó, sino lo que quedó sin resolver. Y en el camino, aunque a veces dudaste, *te encontraste con una versión de ti misma que nunca habías conocido; la mujer que no solo sobrevive, sino que discierne, interpreta y reconstruye.*

Ahora que tienes un alma ordenada, no puedes seguir caminando sin dirección. Y no lo digo como mandato, lo digo como evidencia espiritual. En el capítulo 4 aprendiste que el alma sin guía se defiende; pero el alma sanada se enfoca. En el capítulo 9 entendiste que cuando no hay mapa, repetimos desiertos conocidos. Y en el 14 confirmamos que el fuego no fue pérdida, fue entrenamiento. *Todo lo que aprendiste hasta aquí no solo te formó, te posicionó.* Y el cielo no posiciona por estética, sino por asignación. Lo que fuiste sanando, también te fue redirigiendo.

Este último capítulo no es una despedida. Es una activación. Una alineación interior con el diseño original de Dios para tu historia. Porque Isaías 61:3 no dice que Él solo cambia cenizas por gloria, dice que lo hace "para consolar a todos los enlutados", darles óleo de gozo en lugar de luto, y manto de alegría en lugar del espíritu angustiado, y que todo esto es para que sean llamados "árboles de justicia, plantío de Jehová, para gloria suya" (Isaías 61:3). *Dios no sana por compasión solamente. Sana con propósito. Sana para confiar. Sana para enviar.*

Este capítulo no te pide que olvides tu historia. Te invita a redirigirla. A mirar hacia adelante con los ojos de quien ya no está herida, sino dispuesta. De quien ya no necesita ser rescatada, sino que se convierte en sostén para otras. Porque si lo vivido solo te libera, es sanidad incompleta. Pero si lo vivido te transforma en alguien que edifica, entonces ya no hay pérdida, *hay propósito restaurado.*

TU DESPUÉS TAMBIÉN NECESITA DIRECCIÓN

Una mujer que ha sanado corre el riesgo de creer que lo más difícil ya pasó. Que con haber dejado de llorar, soltar el pasado y recuperar estabilidad, ya todo está hecho. Pero no es así. *Sanar te estabiliza, pero no te orienta.* Te reconstruye, pero no define hacia dónde caminar. Porque el alma puede estar restaurada y aún estar perdida si no recibe dirección. *El después también necesita un mapa.*

Lo vimos en el capítulo 9, cuando desmontamos los ciclos internos que nos hacían regresar a los mismos patrones. No porque no quisiéramos avanzar, sino porque no sabíamos cómo. También lo viste en el capítulo 4, cuando hablamos del alma que se defiende porque no ha sido guiada. Hoy puedes mirar hacia atrás y darte cuenta: Dios no solo te sacó del dolor, también *te está señalando una nueva dirección emocional, espiritual y práctica.*

Esto fue lo que le ocurrió al pueblo de Israel al salir de Egipto. La esclavitud había terminado, pero el desierto los desubicó. No sabían quiénes eran, ni hacia dónde iban. Moisés tuvo que subir al monte para recibir un mapa, no físico, sino espiritual (Éxodo 19:3). Porque el pueblo no necesitaba solo libertad, necesitaba formación. *Y sin formación, la libertad se convierte en vagancia emocional: mucha energía, sin propósito.*

Estudios sobre resiliencia emocional[13] indican que, luego de una experiencia traumática, las personas que no establecen nuevos objetivos claros o propósito de vida tienden a caer en estados de confusión existencial o estancamiento funcional, aunque ya no estén en crisis. En otras palabras: sobreviviste... pero sin propósito, corres el riesgo de no saber vivir.

Y tú no llegaste hasta aquí para quedarte sin dirección. No puedes permitir que el cierre de tu herida se convierta en el cierre de tu historia. Lo que viene después es más que un "nuevo comienzo".

---

13. Steven M. Southwick y Dennis S. Charney, *Resilience: The Science of Mastering Life's Greatest Challenges* (Cambridge: Cambridge University Press, 2018).

Es una vida redirigida por una conciencia restaurada. Es caminar diferente porque ahora ves diferente. No estás empezando de cero. Estás comenzando con lo que sabes, con lo que fuiste transformada, con lo que el fuego te entregó. Este después necesita más que emoción, necesita discernimiento, enfoque y propósito.

No puedes permitir que el cierre de tu herida se convierta en el cierre de tu historia. Lo que viene después es más que un "nuevo comienzo".

DIOS NO TE SANA SOLO PARA CONSOLARTE, SINO PARA CONFIARTE MÁS

Desde el capítulo 1 comenzaste a ver tu historia con otros ojos. Ya no como un caos accidental, ni como una interrupción dolorosa, sino como un territorio que necesitaba ser iluminado por la verdad. Reconociste que tu dolor no te descalificaba, sino que te revelaba. De a poco, comenzaste a soltar la vergüenza. A dejar de esconderte detrás de frases funcionales. A admitir que sí te dolía, pero que querías sanar. Ya no desde la urgencia. Sino desde la convicción.

Después aprendiste a dejar de huirle a tu historia. En lugar de evitar los recuerdos, entraste con valentía a tu propio proceso. Te atreviste a preguntarte por qué reaccionabas como reaccionabas. Por qué tolerabas lo que ya no sostenía vida. Fuiste capaz de mirar hacia dentro sin miedo a lo que ibas a encontrar. Y en ese mirar, se rompieron estructuras. Capas. Contratos mentales que habías firmado sin saber. *Sanaste sin aplausos, pero con propósito.*

Más adelante, soltaste la necesidad de tenerlo todo claro. De entenderlo todo. De explicarlo todo. *Y empezaste a confiar en Aquel que no te dio un mapa, pero sí te tomó la mano.* Descubriste que la fe no era cerrar los ojos, sino aprender a ver diferente. Que la confianza no era una emoción pasajera, sino una posición eterna. Y ahora, desde este lugar más firme, puedes reconocerlo con total claridad: *Dios no te sanó solo para que dejaras de llorar. Te sanó porque desea confiarte más.*

Él no te restauró para dejarte en pausa. No te formó para exhibirte. No te levantó para que te quedaras en un rincón esperando a "estar lista". *Él te preparó para confiarte territorio.* Porque Su sanidad nunca fue cosmética. Fue profunda. Fue quirúrgica. Fue formativa. No removió síntomas; removió raíces. No embelleció la superficie; reconstruyó tus cimientos. *No te tocó solo para consolarte, te tocó para activarte.*

Cada parte de ti que fue sanada, ahora es un terreno fértil. No solo para vivir en paz, sino para edificar con visión. Para sostener lo que antes no podías. Para discernir lo que antes te confundía. Para hablar con autoridad lo que antes callabas con miedo. *Eres una mujer que ya no se define por la herida, sino por lo que Dios puede edificar en ella.* Y ese es el inicio de tu nueva dirección.

La sanidad es la prueba de que puedes ser confiable. No perfecta, pero sí posicionada. Una mujer que ha sanado ya no vive para complacer, ni sirve desde la carencia. Sirve porque ve. Porque ahora tiene ojos espirituales abiertos. Ya no repite ciclos, ahora los discierne. Ya no se pierde en la aprobación, ahora camina en convicción. Ya no negocia su integridad por un lugar en la mesa. Ya no espera ser validada para mantenerse firme. Tiene visión. Y esa visión le da dirección. Ya no sirve para ser vista. Sirve porque entiende el valor de lo que lleva dentro. Porque tiene palabra, autoridad y memoria redimida. Esa mujer —precisamente tú— es justo el tipo de instrumento que Dios quiere usar. No para impresionar. Para sostener. Para edificar. Para transferir.

Lo vemos en Pedro. Aquel discípulo que lo negó tres veces y lloró amargamente (Lucas 22:61-62). Aquel que, tras la resurrección, no sabía qué hacer con su culpa, y volvió a pescar (Juan 21:3). Pero fue precisamente a ese Pedro restaurado —no perfecto— a quien Jesús llamó a pastorear: *Apacienta mis ovejas* (Juan 21:17). No buscó a alguien intacto. Buscó a alguien redimido. Porque Dios no usa lo que nunca se rompió. Usa lo que ya no se avergüenza de haber sido restaurado.

Desde la psicología del trauma se ha documentado que el proceso de recuperación no solo disminuye los síntomas, sino que puede generar un fenómeno llamado *crecimiento postraumático,*[14] donde la persona desarrolla mayor empatía, propósito de vida, fortaleza interior y deseo de servir a otros. *Y tú eres la evidencia viva de que esto es real.* Porque lo que antes te abrumaba, ahora lo sabes nombrar. Lo que antes te paralizaba, ahora te impulsa. Has desarrollado una capacidad emocional que no tenías. Una claridad espiritual que nunca te habías permitido. Una voz que antes temblaba, ahora sostiene a otras. *Ya no solo sanaste. Ya no solo sobreviviste. Te convertiste en alguien que puede levantar a otras desde el lugar exacto donde un día tú pensaste que no te ibas a recuperar.*

Y si hoy miras hacia atrás, no necesitas justificar lo que dolió. No tienes que llamarlo bueno, ni necesario. Pero sí puedes reconocer que, aunque no lo provocaste, Dios no lo dejó sin propósito. No fue Él quien te hirió, pero fue Él quien te sostuvo. Y lo que

14. Richard G. Tedeschi y Lawrence G. Calhoun, "The Posttraumatic Growth Inventory: Measuring the Positive Legacy of Trauma", *Journal of Traumatic Stress* 9, n.º 3 (1996): 455-471. https://doi.org/10.1007/BF02103658.

ahora portas —esa madurez, esa visión, esa paz— no son cicatrices, son señales de que lo que pudo destruirte, no lo logró. Porque hubo una mano que te sostuvo mientras todo ardía. Una voz que te habló cuando no había ruido. *Y esa fidelidad que te acompañó, ahora te respalda.*

Dios no usa lo que nunca se rompió. Usa lo que ya no se avergüenza de haber sido restaurado.

EL MAPA NO SERÁ IGUAL PARA TODAS, PERO EL LLAMADO ES COMÚN

No todas sanan al mismo ritmo. No todas llegan al mismo lugar. Y eso está bien. *Porque aunque el mapa sea distinto, el llamado es común: ser un instrumento de esperanza.* Ser una columna, no un espectáculo. Ser una voz, no un eco. Ser alguien que sostiene, no solo alguien que brilla. Esta etapa de tu historia no necesita comparaciones. Necesita conciencia. Necesita enfoque. Necesita fidelidad en lo que ya tienes en las manos.

Este no es el momento para mirar hacia los lados. Es el momento de mirar hacia adentro y hacia arriba. Tal vez el escenario de tu propósito no es visible para muchos, pero es evidente para Dios. En el capítulo 6 aprendiste a romper con los modelos externos que te exigían encajar. Hoy puedes mirar tu propio recorrido con honra. *Si dejaste de callar verdades por miedo, avanzaste. Si sanaste una relación con tus hijos, sembraste. Si pusiste límites donde antes te anulabas, abriste espacio para que el Reino se manifieste en tu interior.* Esa es tu forma de responder al llamado. Y es tan válida como cualquier otra.

Jesús no le dio a todas las mujeres que tocó la misma instrucción. Pero a todas, sí las envió. A la mujer del flujo le dijo: "Vete en paz" (Marcos 5:34). A la adúltera: "Vete, y no peques más" (Juan 8:11). A la samaritana: "Ve y dile a los tuyos" (Juan 4:28-29). A todas les dijo "ve". No les dijo "espera a estar lista", no "quédate inmóvil", no "espera a que te aplaudan". *Ve.* Esa palabra es clave. Todas fueron enviadas. *El encuentro con Jesús no terminaba en sanidad; comenzaba con dirección.* Y aunque cada una fue enviada en forma distinta, todas fueron activadas. *Porque el llamado es personal, pero el envío es inevitable.*

Aquí es donde el corazón sano aprende a silenciar la comparación. *Porque lo que Dios te pide a ti no se parece a lo que le pide a otra.* No hay mapa estándar. No hay fórmula repetible. Hay una voz divina, íntima. Una voz específica. Y si tu oído ha sido restaurado, si tu sensibilidad ha sido afinada, entonces no necesitas copiar a nadie. *Solo necesitas obedecer lo que Dios te ha hablado a ti.*

Esa obediencia puede verse en una conversación con tus hijos donde ya no usas la culpa para corregir. En cómo le hablas a tu cuerpo frente al espejo. En cómo caminas hacia tu trabajo con más paz que presión. En cómo acompañas a una mujer rota sin sentirte superior, pero tampoco rota tú. Porque cuando una mujer sana, todo a su alrededor cambia de frecuencia. *No necesita altar para impactar. Se nota en su tono, en su presencia, en su coherencia, en su luz.*

Y si alguna vez pensaste que para Dios eras prescindible, hoy quiero que escuches esto con el alma:

Dios te necesita.

No porque no pueda hacerlo sin ti, sino porque decidió hacerlo contigo. *No te escogió por accidente. Te incorporó por amor.* Porque hay lugares que solo tú puedes tocar. Historias que solo tú puedes entender. Mujeres que solo tú puedes acompañar. Y si el Reino va a seguir extendiéndose, será también porque tú decidiste responder. *Tu vida es parte de un plan mayor, y ese plan incluye lo que ya sanaste.*

TU NUEVA DIRECCIÓN

Hay una etapa del proceso donde la mujer sana deja de mirar atrás. No porque olvide, sino porque entiende que su historia ya no necesita más análisis, necesita dirección. *Este es ese momento.* Ya no estás aquí para preguntarte por qué pasó, sino para preguntarte qué vas a hacer ahora con lo que ya fue sanado. Porque lo que Dios redime, lo redirige. Y lo que redirige, lo activa.

En el capítulo 12 hablamos de la diferencia entre resignación y rendición. Una mujer resignada acepta lo vivido sin cuestionar. Una mujer rendida convierte lo vivido en sabiduría. Hoy tú no estás resignada. *Estás rendida y fortalecida con propósito.* Porque no saliste de este proceso como víctima, ni como sobreviviente silenciosa. Saliste como alguien que ha sido formada por dentro. Tu firmeza no es altivez, es claridad. Tu determinación no es orgullo, es dirección. Y esa combinación —un alma rendida y un espíritu firme— es el tipo de vida que el Reino necesita.

No necesitas cambiar de ciudad para cambiar tu dirección. No necesitas empezar desde cero. *Solo necesitas tomar decisiones distintas desde tu nueva identidad.* Decisiones en tu manera de hablar. De elegir. De amar. De invertir tu tiempo. De construir tu agenda. De poner límites sin pedir disculpas. De priorizar lo que sí edifica, aunque no sea popular. Porque cada decisión nueva que tomes *es evidencia de que sanaste en serio.*

Romanos 12:2 nos exhorta a no conformarnos a este siglo, sino a ser transformadas "por medio de la renovación de vuestro entendimiento, para que comprobéis cuál sea la buena voluntad de Dios, agradable y perfecta" (Romanos 12:2). ¿Lo ves? La transformación activa discernimiento, y el discernimiento produce dirección. Por eso no puedes seguir viviendo con el sistema operativo de antes. *Tu mente fue renovada, ahora tus decisiones tienen que alinearse.* Porque si tus pensamientos han sido sanados, pero tus elecciones siguen respondiendo al miedo, todavía hay piezas por ajustar. Sanar no es solo dejar de llorar, es empezar a decidir distinto. No por presión, sino por convicción. No para demostrarle nada a nadie, sino para demostrarte a ti misma que ahora ves con más claridad, que ahora sabes elegir con paz.

Y si te preguntas: "¿Cómo sé por dónde empezar?", aquí está tu brújula: *empieza por aquello que ya no se siente coherente con la mujer que ahora eres.* Comienza con una decisión sencilla, pero firme. Esa que te confronta, no porque sea difícil, sino porque ahora sabes demasiado como para volver a hacer lo mismo. Tal vez es dejar de contestar ciertos mensajes. Tal vez es hablar con alguien sin miedo. Tal vez es priorizar tu salud mental, tu tiempo con Dios, tu descanso. *Las nuevas decisiones no siempre son visibles, pero son profundamente espirituales.* Porque toda vez que eliges con discernimiento estás honrando la obra de Dios en ti.

Y cuando empieces a tomar decisiones desde este nuevo lugar, hazlo con la postura correcta: como una mujer que fue formada, no como alguien que aún está por probarse. Porque fuiste equipada. Fuiste sostenida. Fuiste acompañada en este proceso. Has vuelto a ti. Has recobrado tu centro. Has reordenado tu alma. *Este no es el momento para dudar de tu avance. Es el momento para caminar en él.* Lo que comenzó como un deseo de sanar, hoy se transforma en dirección clara. Una vida con propósito no es una vida sin dolor, es una vida gobernada por la verdad. *Y tú estás lista para vivirla.*

Sanar no es solo dejar de llorar, es empezar a decidir distinto. No por presión, sino por convicción. No para demostrarle nada a nadie, sino para demostrarte a ti misma que ahora ves con más claridad.

NO HAY DESPEDIDA, HAY UNA ACTIVACIÓN

Este libro no fue un refugio. Fue un taller. Cada página fue una herramienta. Cada capítulo, una mesa de trabajo. *Aquí no viniste a esconderte, viniste a reconstruirte.* Aquí no evadiste el dolor, lo nombraste. Lo enfrentaste. Lo escuchaste. Y luego lo soltaste. Viniste buscando alivio, y encontraste estructura. Viniste buscando un mensaje, y descubriste tu propia voz. No entraste a este libro buscando destino, pero saliste con dirección.

Y ahora, lo sabes: *lo que no sanas, se repite; pero lo que sí sanas, se redirige.* Ya no necesitas andar con miedo de repetir la historia. Ya no tienes que cargar con la angustia de convertirte en lo que un día te rompió. Tu alma fue iluminada por la verdad, y donde hay luz ya no hay repetición. Hay revelación. Has aprendido a discernir, a sentir sin ser esclava de la emoción, a pensar sin quedarte atrapada en el pensamiento. Has aprendido a ver con los ojos del Espíritu, a tomar decisiones desde la salud, a hablar desde la verdad sin necesidad de herir. *Esa eres tú ahora. No una mujer perfecta. Una mujer en dirección.*

Y si alguna parte de ti aún duda de si está lista para vivir distinto, déjame decirte algo que el cielo graba en cada alma restaurada: *no tienes que sentirte lista para estarlo.* La preparación de Dios no siempre se nota, pero siempre se revela. Porque Él no forma celebridades espirituales. Forma columnas. Y tú, mujer, eres una. No solo porque has sanado, sino porque elegiste no quedarte en el dolor. *Porque cada vez que dijiste "esto no lo repito más", escribiste una línea nueva en tu historia.*

Este libro termina, pero tu historia no. Tu historia apenas está comenzando, y esta vez con intención. Esta vez, desde una conciencia redimida. Desde una fe que no te infantiliza, sino que te responsabiliza. Desde una visión que no espera ser admirada, sino que desea ser útil. Esta vez, tu historia no será escrita por tu pasado, sino por tu decisión de vivir desde tu sanidad. Esa es la redención: no solo que Dios haya estado contigo en lo que te rompió, sino que ahora camina contigo para todo lo que vas a construir.

Y si en algún momento vuelves a tener miedo de caer, de repetir, de estancarte, vuelve a estas páginas. Vuelve a tus notas. Vuelve a los versículos que te hablaron. Pero, sobre todo, vuelve a ti. A esa tú que dijo: "Ya no más". A esa tú que se atrevió a sanar sin saber si iba a poder. A esa tú que caminó sin mapa, pero con fe. A esa tú que, sin testigos ni *likes*, fue transformada por Aquel que sí lo vio todo. *A esa tú que hoy ya no camina herida, sino redimida.*

No hay despedida. Hay activación. Hay envío. Hay misión. Lo que Dios hizo en ti aquí, *ahora va a multiplicarse fuera de ti.* En otras mujeres. En tu familia. En cada espacio donde tu nueva forma de vivir provoque preguntas, cambios, libertad.

Y cuando eso pase —porque pasará— recuerda esta frase que hoy ya no es el título de un libro, sino una marca de tu alma: SANA. Porque lo que no sanas, se repite. Pero lo que sanas, se convierte en testimonio, en autoridad, en plataforma.

Hoy puedes afirmar con convicción lo que este libro te invitó a descubrir desde la primera página: que lo que no sanas, se repite. Pero cuando te atreves a afrontarlo con fe y claridad, se transforma.

EPÍLOGO

Terminaste las páginas, pero no el proceso. Este libro no se cierra, se queda. Ya no es tinta sobre papel, es semilla en tierra fértil. Porque si llegaste hasta aquí, ya no eres la misma. No porque todo esté perfecto. Sino porque tu visión ya no nace del dolor, sino de la sanidad. Ahora tienes discernimiento donde antes había confusión. Tienes lenguaje donde antes había silencio. Tienes dirección donde antes había repetición.

Si este libro logró su objetivo, ya no repites por inercia. Tomas decisiones con intención. Ya no actúas desde tu herida. Vives desde tu revelación. No buscas validación. Caminas con propósito. No temes volver atrás, porque sabes que cada herida iluminada por la verdad ya no te domina. Ahora es evidencia. Ahora es mensaje. Ahora es parte de una historia redimida.

Sí, esto fue un libro, pero en realidad fue más que eso. Fue taller. Fue mapa. Fue altar. Aquí no solo nombraste tu herida, aprendiste a transformarla. No solo soltaste el pasado, abrazaste una nueva dirección. No solo dejaste de llorar por lo que perdiste, comenzaste a sembrar para lo que viene.

Y si en el camino vuelves a dudar, no olvides esto:

SANA...

lo que no sanas, se repite. Pero lo que sanas, se convierte en sabiduría, en testimonio, en autoridad espiritual. Y eso ya nadie te lo puede quitar.